周文文　宋晓波
著

# 面向可视化的煤炭企业成本责任管理

Visualized Responsibility Management of Coal Enterprise Cost

清华大学出版社
北京

图书在版编目(CIP)数据

面向可视化的煤炭企业成本责任管理/周文文，宋晓波著. —北京：清华大学出版社，2019.12

ISBN 978-7-302-54334-3

Ⅰ. ①面… Ⅱ. ①周… ②宋… Ⅲ. ①煤炭企业－成本管理－研究－中国 Ⅳ. ①F426.21

中国版本图书馆 CIP 数据核字(2019)第 263287 号

责任编辑：刘　晶
封面设计：李伯骥
责任校对：王凤芝
责任印制：宋　林

出版发行：清华大学出版社
网　　址：http://www.tup.com.cn，http://www.wqbook.com
地　　址：北京清华大学学研大厦 A 座　　邮　　编：100084
社 总 机：010-62770175　　邮　　购：010-62786544
投稿与读者服务：010-62776969，c-service@tup.tsinghua.edu.cn
质量反馈：010-62772015，zhiliang@tup.tsinghua.edu.cn
印 装 者：三河市宏图印务有限公司
经　　销：全国新华书店
开　　本：170mm×240mm　　印　　张：11.25　　字　　数：170 千字
版　　次：2019 年 12 月第 1 版　　印　　次：2019 年 12 月第1 次印刷
定　　价：79.80 元

产品编号：073541-01

# 作者简介

**周文文**，北京工业大学硕士研究生导师。研究领域：企业信息化管理、内部控制与风险管理。在 *Mathematical Problems in Engineering*、《系统工程理论与实践》《管理评论》等国内外重要学术期刊上发表论文近 20 篇，参与出版《企业信息化案例集》。主持并参与了多项国家及省部级课题，其中主持国家自然科学基金青年项目 1 项，主持北京市社科基金基地项目 1 项。

**宋晓波**，煤炭工业规划设计研究院有限公司助理研究员。研究领域：能源战略规划、政策研究。在 *Mathematical Problems in Engineering*、《煤炭工程》《中国能源》《煤炭经济研究》等国内外重要期刊上发表论文 10 余篇。

# 前　言

自2012年下半年以来，煤炭市场价格大幅下降、产能过剩严重、消费增幅回落，再加上当前国家宏观政策的调整、环境压力对于低碳经济的需求、新能源的发展，对煤炭行业的发展产生了巨大冲击。据统计，目前我国90%以上的煤炭企业处于亏损状态。为了化解这一矛盾，我国于2016年经济工作会议中提出“三去一降一补”的战略部署来提高煤炭企业的核心竞争力。因此，做好成本管理不仅是快速提高企业效益、扭亏为盈的手段，更是重振煤炭行业的重要途径。

针对成本管理，国内外学者做了许多有益的探索，如作业成本法、战略成本法、价值链成本法等，但是现有的这些研究，或是操作性比较差，或是难以还原成本发生的时间与空间属性。随着“两化”融合、“互联网＋”“智能制造”的战略实施，可视化管理理论也在不断发展和完善，为煤炭企业的成本管控带来了新的思路和新的方法。可视化成本管理使得管理者能够实时、动态地掌握成本的发生与控制情况，并能够及时反映数据之间和变量之间隐含的信息。

煤炭企业成本责任管理作为煤炭企业成本管理的重要组成部分，当前还存在一些问题，如在特定的时空属性下责任归属不清和所承担责任的大小不明确，没有建立覆盖煤炭企业生产和经营全过程的成本责任体系，使得企业成本考核工作难以有效开展，无法建立激励与约束相结合的成本责任管控机制。由此，本书以LUBA成本管控模型为基础，面向可视化成本管理，围绕成本责任管理体系展开研究，探讨了责任系数的量化问题，责任系数的优化问题和基于责任系数的奖惩问题。本书按照“分析问题，提出问题，解决问题，优化问题，问题应用”的思路展开研究，共分为7章，具体内容如下。

第1章：绪论。本章首先分析了煤炭企业成本责任管理的研究背景，阐述了当前煤炭企业成本责任管理存在责任归属不清、责任大小不明、奖惩机制不健全和成本质量标准的制定不合理等问题。然后对成本责任管理研究、可视化成本管理研究、奖惩机制研究现状进行了归纳总结，得出当前对于煤炭企业成本责任量化的研究比较匮乏，成本责任奖惩机制不够科学，绝大部分的煤炭企业成本奖惩没有和责任大小联系起来，成本责任管理缺乏理论研究与指导的结论，由此提出了面向可视化的成本责任管理研究，并明确了研究的目标与意义，系统地分析了本书将要研究的内容和所使用的方法，并提出相应的技术路线。

第 2 章：理论基础。本章主要从成本管理、可视化管理、博弈论及模糊多属性决策理论和奖惩激励机制四个方面，围绕成本责任管理开展了文献调研。其中成本管理方面主要围绕成本管理理论的发展与责任成本管理理论进行文献调研；可视化管理方面主要围绕可视化管理理论研究与可视化的相关应用研究进行文献调研；博弈论方面主要调研了博弈的划分、合作博弈论及信息非对称理论；模糊多属性决策方面调研了直觉模糊相关理论；奖惩激励方面从奖惩、激励理论和奖惩机制的研究展开调研。其中，成本管理理论是成本责任管理的基本理论指导，可视化管理理论是实现科学成本责任管理的途径，博弈论相关理论与直觉模糊相关理论是成本责任研究的方法与手段，奖惩与激励理论研究是成本责任量化研究的根本目的。

第 3 章：成本责任管理体系。本章探索构建了面向可视化的煤炭企业成本责任管理体系，首先阐述了 LUBA 成本管理模型的基本概念，并针对煤炭企业构建了 LUBA 成本管理模型，分析了 LUBA 模型的层级确定问题、煤炭企业的成本构成问题以及成本影响因素问题等成本责任管理体系的基础问题。然后进行了成本责任管理内涵和特点的分析，并由此对责任主体进行了确定和职责的划分，并提出了成本责任相关系数及矩阵。最后分析了成本责任的作用机理并构建了作用机理模型，然后根据分析得到做好煤炭企业成本管理的关键是做好成本责任奖惩，做好责任奖惩的关键是做好责任系数的量化的结论。由于责任系数是随着环境变化的，因此，做好责任系数的量化后要处理好责任系数的优化这个关键问题。

第 4 章：责任系数的量化方法研究。本章探讨了成本责任系数的量化方法，分别从博弈论理论、直觉模糊理论出发探讨了成本责任系数的量化方法。其中基于博弈论的方法中主要探讨了 Nash 谈判方法、Shapley 方法、核仁方法和这几种方法的综合方法即群体中心方法，并做了数值算例说明了博弈论方法的适用性。基于直觉模糊的责任系数确定方法中主要探讨了权重已知和未知的两种情况，并且以煤炭企业为具体实例，通过调查问卷的方法获得原始数据，根据直觉梯形模糊数的相关原理对煤炭井下生产区成本中回采块成本的割煤单元进行了成本责任系数的量化，说明了直觉梯形模糊数方法的适用性。最后，对基于博弈论的方法和基于直觉模糊的方法进行了比较，得到这两种方法各有优势和弊端，在具体应用时根据需要进行选择的结论。

第 5 章：责任系数的优化研究。本章主要研究成本责任系数的优化问题，首先对成本责任系数的特点以及成本责任系数与管理之间的关系进行了分析，得出成本责任系数确定的科学与否会对企业的生产经营产生非常重要的影响，因此需要合理科学的确定责任系数的结论。然后从企业战略改变、成本管理效果的反馈、成本责任管理系统自身的优化和各个责任主体之间的博弈角度对成本责任系数变化的动因进行分析，得到成本责任系数会随着外部的环境变化而不再适用原来的稳定状态，因此需要对责任系数进行优化研究的结论。本章以博弈论的相关理论为依据，以使得单元成本效益最优为目标函数，以各个责任主体效益最优为约束条件，建立了责任系数优化模型，并且利用遗传算法对模型进行了求解，最后，以煤炭企业为例，对第 4 章利用直觉梯形模糊数方法确定的割煤单元成本责任系数进行了优化分析。

第 6 章：责任奖惩模型的研究。本章主要研究了成本责任系数的一种应用，即建立奖惩机制，奖惩机制是煤炭企业成本责任管理的根本目的，建立基于责任系数的奖惩机制能够使得责任主体的利益与责任大小联系起来，形成权、责、利统一的成本责任管理模式。本书首先从一般奖惩机制的特征、作用模式、煤炭企业奖惩机制研究的必要性入手，提出了煤炭企业奖惩的一般模型。然后对煤炭企业成本异常管理因素进行了分析，通过分析得出煤炭企业 LUBA 成本控制单元间及各个责任主体间存在信息的非对称，以及材料回收复用问题是造成成本异常的两个关键因素的结论，由此分别针对这两种情况进行了责任奖惩模型的设计，从而引导责任主体主动暴露信息和积极进行材料回收复用。最后，对成本责任管理可视化展示的必要性、要求和内容进行了分析，并且设计了成本责任管理可视化展示示意图。

第 7 章：结论与展望。基于上述研究成果，本章主要对本书所研究的主要结论与创新点进行总结，并对接下来进一步研究的方向进行了展望。本书的主要创新点有：对煤炭企业的成本责任管理问题进行了系统分析，并提出了成本责任作用机理模型；提出了基于博弈论的成本责任系数确定方法和直觉梯形模糊的煤炭企业成本责任系数确定方法；构建了既能够使得单元效益达到最优，又能使得各个责任主体效益最优的责任系数优化模型，并且利用遗传算法进行了求解分析；建立了一般责任奖惩模型与针对信息非对称问题和材料回收复用问题建立了责任奖惩模型，不仅使得奖惩问题与责任主体的责任大小联系起来，而且还通过奖惩的手段解决了现存的重要管理问题。

综上，做好煤炭企业成本责任管理是做好成本管理的基础，有效的责任奖惩是实现责任成本管理的重要手段，明确责任主体即明确了成本责任管理的对象，做好责任划分与责任系数大小的确定是进行责任奖惩的重要依据。本书在 LUBA 成本控制结构基础上研究责任系数量化问题、责任系数的优化问题，以及责任奖惩问题，为可视化的成本管控提供了理论与现实依据。

# 目录 CONTENTS

# 第1章 绪 论

信息技术的飞速发展，极大地带动了煤炭企业信息化程度的提高，特别是伴随着智能制造、“互联网+”等概念的提出，对煤炭企业管理带来了新的挑战和要求，尤其是煤炭企业的成本管理。本章总结了当前煤炭企业成本管理的现状，并由此提出成本管理研究意义、研究目标与内容、研究方法和技术路线。

## 1.1 研究背景

自2012年以来，我国煤炭行业在经历“黄金十年”的高速发展之后，经济运行趋势掉头直下，煤炭消费增幅回落，市场价格大幅下降，特别是当前，随着国家产业政策的调整，环境压力对于低碳经济的需求和新能源发展的需要，煤炭企业正面临着来自国内外企业的双重竞争压力，企业产能严重过剩，亏损面不断扩大[1]，生产经营已陷入困境。当下，业内的一个普遍共识是，煤炭企业未来的竞争将主要表现为煤炭成本的竞争。因此，有效控制成本，提高成本效益是当前和未来煤炭企业提高经济效益、扭转不利局面的重要途径，对于重新振兴煤炭行业具有重要意义。

近30年来，许多企业在加强成本管理，提高企业经济效益方面作了许多有益的探索，如早期的目标成本管理、标准成本管理、责任成本管理等。这些成本管理模式的探索，在一定程度上有效地促进了企业的成本管理工作。近年来作业成本管理、战略成本管理、价值链成本管理等逐渐受到人们的重视，但是这些成本管理方法的可操作性差、代价大，事前控制和事中控制比较弱。随着通信技术、信息技术和全球互联网络的迅猛发展，许多信息化的方法也被企业引入成本管理工作中，不少企业在一定程度上还搭建了信息化成本管理平台[2]。

随着“两化融合”的进一步加深与“智能制造”的发展推动，煤炭企业生产与管理的智能化、网络化为煤炭企业的成本管理带来了新的挑战与机遇。煤炭企业的成本管理也迫切需要新理论和新方法来适应企业生产管理的变革，而可视化的智能成本管控无疑是这种背景下成本管控的有效手段。

可视化管理方式能够充分利用最新的信息科学成果和先进的智能化技术，解决煤炭生产中成本控制等复杂的管理问题。可视化的成本管控，不仅能够对众多繁杂的成本数据进行有效的分析与处理，将数据信息转换成有价值的知识和模式，使之能够满足信息化、自动化、智能化处理要求，而且在成本管理过程中，能够真实地还原成本的时空属性，反映成本之间的内在逻辑，实现管理者的实时、动态的成本控制。

而成本责任管理是实现可视化成本管理的重要环节，只有明确煤炭企业各个责任主体以及其权责利的大小，才能实现成本管理的有效控制。近年来，受国内外经济环境变化的影响，煤炭企业的成本管理也逐渐受到煤炭企业的高度重视，尤其是在成本发生的责任落实，以及通过对责任主体的监管，达到成本的有效控制方面。由于煤炭企业自身存在的一些客观因素和管理者认识水平的限制，在取得一些成绩的同时，当前煤炭企业成本责任管理也出现了一些问题[3]，主要表现在如下几个方面：

1. 成本责任归属不清

由于煤炭企业业务的特殊性且受自然禀赋和环境条件的影响相对比较大，使得煤炭企业成本的构成比较复杂，并且传统的成本责任管理难以落实到相关部门和生产经营的各个环节，很多煤炭企业只是将成本的直接发生部门作为其责任主体，而一项成本的发生往往不是一个部门的责任，可能涉及几个部门的共同参与。如很多时候将煤炭企业成本控制与管理的职能推卸给财务部，而不发挥调度、技术、经营等职能部门的作用，导致企业不能很好地进行全面成本控制。再加上煤炭企业各个部门的职责界定并不清晰，存在交叉重复现象，这就导致了煤炭企业成本责任归属不清、责任主体追溯不全的问题。

2. 责任承担大小不明确

目前煤炭企业成本责任的归属不明确，难以具体到各个相关责任主体，更不用说确定成本责任的大小。很多煤炭企业的“大锅饭”现象严重,往往一项成本的责任主体承担的责任相同,各个部门之间的区别不明显,没有明确的责任确定制度与方法,导致对于成本管理的积极性不高,效果不显著,效率比较低下。

3. 责任激励与约束机制不健全

在煤炭企业中很多工作都是靠人来完成,因此合理的奖罚机制不仅能够发挥各层次责任主体的积极性和主动性,从而提高煤炭企业的成本效益,也是煤炭企业进行成本责任管理的重要环节。但是,目前在煤炭企业中激励与约束机制不健全,没有将成本控制与责任主体或是责任主体的利益挂钩,也没有实施分阶段的成本责任考核和过程控制,致使很多人的成本责任意识不强,员工对成本工作不重视。

4. 成本质量标准的制定不合理

制定合理的成本控制质量标准是实施成本责任管理的前提,可以为企业成本控制和责任考核提供成本基准,可以提高煤炭企业成本管理的信息化管理水平以及管理效率,从而可以提高煤炭企业的经济效益。但是目前由于煤炭企业组织架构复杂,集团总部、二级单位、下属的各矿责任不清、各自为政的现象比较严重,致使很多单位无法结合自身的状况制定一个合理规范的成本质量控制标准,而是基本上采用前几年的平均值或是行业的平均值作为成本标准的参考值。

基于此背景,本书以面向可视化成本管理的LUBA成本管理模型为基础,提出成本责任管理研究,构建成本责任管理理论体系,实现对成本责任的可视化管理,打破煤炭企业成本管理瓶颈,进一步提升成本管理的科学水平。

## 1.2 研究现状

### 1.2.1 责任成本管理研究现状

关于责任成本管理,国内外的学者都做了很多研究工作,A. U. Jorge 等对成本责任流问题进行了探讨，提出了一种成本责任分配规则，为每个区域内责任分配提供了公里化的方法[4]。F. Xie 研究了企业项目管理中的信息化问题，通过信息化系统的建设，加强企业项目管理，实施全面的实时成本责任中心控制，推进项目管理，增强企业的核心竞争力[5]。N. Cao 对信息化的成本管理作用机理进行了研究，研究表明信息化的成本责任管理方式能够消除信息孤岛，具有时效性和准确性，可以为管理者提供大量的管理信息，从而提高企业责任成本管理水平[6]。B. Gina 等以医疗行业为背景，从管理的视角研究了门诊处方药品在瑞典的成本责任分散，并研究了责任的目标分解及评价模型[7]。C. Reverte 研究了社会责任对企业股权资本成本的影响，研究表明企业社会信息的纰漏与股权成本呈负相关关系，并且这一现象对处于敏感环境的企业更加明显[8]。S. Chen 对成本信息化后的经济效益影响进行了研究[9]。H. Moulin 等学者建立了成本责任函数，分别以两种成本分摊理论探讨代理商的代理成本责任问题[10]。

在我国，当前责任成本管理主要在项目管理领域集中进行研究，普遍应用在施工企业，且主要内容的研究集中在构建成本责任管理体系与考评上。

王磊以施工企业为研究对象，从成本责任的内涵进行分析并入手，研究了加强和完善成本责任管理体系的多项举措[11]。朱雪峰对施工企业的责任成本管理问题进行了深入研究[12]。曲松等以房地产作为研究对象，进行了全过程、全方位、全员工的责任成本管理研究[13]。于枫根据项目成本费用类别对目标成本层层分解，明确各责任中心的责任范围，构建了一套房地产项目责任成本管理与评价体系[14]。姚勤波等结合具体的工程项目，探讨了工程项目的责任成本管理方法，有效解决了施工企业长期以来存在的对工程项目管理失控的问题，大大强化了对项目的管控能力，使得每个项目真正成为企业的效益增长中心，提高了责任成本管理水平[15]。

随着成本管理理论的不断发展，一些学者将传统责任成本管理与信息化理论相结合来进行研究，为成本管理的不断发展提供方向。梁博博士针对施工企业以责任成本管理为基础，研究了成本管理信息化模型[16]。詹敏等对于项目工程中的成本管理进行了信息化研究[17]。罗娟以施工企业为背景,研究了项目成本信息化的意义,并提出了一套以 WBS 为基础的成本管理系统[18]。

就煤炭企业而言,煤炭企业的管理者不再仅仅局限于一味地降低成本,成本管理已经转化为以信息化知识为导向,任树明以品种法为基础探讨了煤炭企业成本责任管理信息系统的构建与模式问题,以改善煤炭企业成本责任管理相关性问题[19]。汪诗怀在分析了煤炭企业成本管理的特点之后,在 ERP 信息系统基础上研究了动态成本责任管理的问题,并建立了成本责任管理信息化系统[20]。

通过对责任成本管理文献的梳理可以看出,国内外学者对于责任成本管理的研究还比较局限,所做的研究工作比较有限,大部分国内学者目前还局限于项目管理与施工领域,研究内容主要围绕责任成本管理机制的建立和责任考核方面,对于成本责任问题的研究较少,随着成本管理理论的发展,国外的学者逐渐将责任成本管理与其他成本管理理论相结合进行研究,尤其是信息技术的发展,学者们逐渐将信息化的手段引入责任成本管理中。

### 1.2.2 可视化成本管理研究现状

第三次科技革命以后,信息技术飞速发展,将现代企业管理与信息技术相结合已经成为现代企业经营管理的潮流,是企业应对当今社会激烈竞争的需要。信息化成本管理因此孕育而生,丰富了现代企业成本管理理论[21],很多国内外学者关于企业信息化建设与成本之间的关系和企业成本管理信息化建设都做了深入系统的研究,针对这些研究,企业也在进行不断的实践。

M. Jung 从信息化管理与成本管理之间的关系入手,研究了信息化对于降低成本的作用[22]。A. Alexandra 等学者论述了信息化带来的效益[23],厦门大学吴乔针对当前煤炭企业成本管理实际,提出一套成本管理系统设计和实施方案,并对生产资源调度进行数学建模,得到了成本控制—生产质量—效率的多目标集对联系度模型,提高了成本管理决策的效率[24]。周黎明等以沈阳黎明航空发动机公司为研究背景,提出了基于 Oracle 制造系统的创新成本管理系统[25]。

史后波认为可视化管理作为信息化管理的主要发展方向，主要是通过 IT 技术实现过程可见、管理可见、状态模拟和决策支持，使企业管理更加简洁、直观、实用。为了达到更好的预期效果，充分利用好信息资源，管理者开始越发重视可视化管理和可视化技术在企业管理中的运用，将成本管理与可视化管理相结合，这逐渐成为未来企业发展的必然选择[26]。

在可视化成本管理研究方面，国外学者做出了大量贡献。K. Saeed 等等学者在成本估算的可视化方面都进行了不断的研究，其中：K. Saeed 在教育领域进行了成本估算研究[27]；V. K. Bansal 等探讨了借助周围环境的三维可视化，开发并利用数据进行了成本估算[28]；M. Nikolaos 在成本估算和预算领域，探讨了如何应用可视化技术进行研究，同时构建了误差识别、学习预测与评估模型[29]；N. Anders 通过价格实时、动态可视化研究对居民电力消费、电力成本、居民碳排放的影响[30]。

在国内，唐俊以江苏电视台作为可视化管理研究对象，研究了成本可视化的原则问题[31]。翟坤博士采用成本管理与数据挖掘技术相结合的方式，研究了成本预测、成本等级分析方法、成本决策因素识别，为企业成本管理数字化、可视化发展进行了大量的有益研究[32]。滕晓梅详细分析研究了精益化生产模式下的成本管理信息化[33]。曾继君针对馆藏资源语意聚合可视化展示，从成本效益角度进行了量化分析[34]。董晨阳以项目成本的管理得失为例，通过对目前公路市场现状进行研究，提出了项目成本可视化管理模式[35]。

谭章禄针对煤炭企业成本管理中，现存的以作业成本法为代表的传统成本管理方法难以充分发挥成本管控作用、实用性差的问题，提出“成本走廊”理论，即将煤炭企业所发生的成本划分为区成本（A）、块成本（B）、线成本（L）、单元成本（U）的方式，建立了 LUBA 可视化成本管理模型，目的也是更好地实现可视化成本管理。LUBA 成本管理方法能够通过可视化技术提供全面准确、及时、直观的动态成本信息，揭示出隐藏在成本信息背后的成本责任主体间的关联性和成本动因，形成直观、高效和简洁的可视化成本管控模式，这一理论的提出是一次对于成本管理研究的重大尝试[36]。刘屹博士又对 LUBA 模型做了进一步的完善，并在LUBA成本管控模型的基础上对基于LUBA的成本核算，成本责任分析，成本管控等做了相关研究后将其应用到具体煤炭企业，为煤炭企业的成本管理提供了高效的、可操作的、科学的新思路[37-38]。

通过对可视化管理的研究成果进行梳理，可以看出，国内外的学者在可视化的成本管理研究方面做了大量的工作，国外的学者对于可视化成本管理的研究主要集中在应用在成本数据的预测，可视化成本管理机制的建立等方面，我国的学者对于可视化的研究工作相对较晚，但是也做了很多有益的探索，不管是国外研究还是国内研究都还局限在理论层面，应用效果都不是非常好。

### 1.2.3 奖惩机制研究现状

奖惩机制作为企业管理中的一个重要环节，对于企业的发展起着举足轻重的作用，对此，很多学者做了深入的研究。

Y. W. Simon通过实验比较了金钱奖励和惩罚是否会对人的行为产生刺激，奖励或惩罚是否能够对任务完成的准确性以及错误率产生影响[39]。M. Paolo等建立模型分析了在引入能力条件时，对所建立的奖惩机制的影响，实验结果表明当引入能力变量时增加了奖惩机制达到其目标的效率[40]。O. Karim应用委托代理模型研究了激励机制对于电力行业能源效率的影响，如果电力监管机构寻求更高层次的最低期望效用，采用引入激励机制的混合系统是最好的选择[41]。C. Sangeetha为了激励加利福尼亚州投资者，提高能源项目的效率，实现该州的能源节省目标，对风险汇报激励机制进行了研究[42]。O. E. Tanyel探讨了政府以及企业奖惩激励机制的程度和支持机制，促进安卡拉的航空工业发展[43]。L. Young研究了如何设置激励机制鼓励代理人在可能存在道德风险的情况下，积极主动地为企业创造更多的价值[44]。

国内学者围绕奖惩激励也做了大量的研究，北京交通大学的王淑娟针对企业内部劳动力市场的激励机制做了研究，分析了民营企业内部劳动力市场激励机制的建立、激励机制的效应与制度等，为民营企业的管理提供了新思路[45]。华南理工大学的林毅勇总结归纳了国内外成本管理及激励理论的研究结果，论述了成本管理的发展历程及相关方法，分析了我国的房地产成本管理现状，阐述了激励机制的理论分析及应用模型[46]。谷莉等人通过实验验证了奖惩对于人的行为抑制情况和生理活动情况影响的时效性，得出了奖惩对于生理指标的影响未表现出有效性，对于行为抑制具有时效性的结论[47]。李新然等研究了产品批发价格、回收率与政府奖惩之间的关系，得到随着奖惩力度的加大，产品的批发价格和回收率都会相应变大，反之亦然，而批发商，零售商的利润都与政府的奖惩机制有关系的结论[48]。蒋长流基于多维视角模型针对低碳经济发展进行了研究，发现低碳经济的发展与外部的激励机制存在密切的关系，并且针对当前的低碳经济发展现状建立了外部的激励机制[49]。

在责任奖惩方面，E. M. Welmer 研究了个人承担的责任对于合作惩罚、奖惩的影响[50]。T. Yang 对于项目管理的薪酬激励机制进行了研究，提出了一种新的职责分配矩阵与模糊语言变量的激励薪酬体系，并且通过实验验证了其相对于原来激励体系的有效性[51]。王文斌等人研究了制造商、零售商、回收商组成的供应链的奖惩机制，对比了只对其中一方进行奖惩，或是两两成员进行责任分摊时的管理效果[52]。江友华等人基于决策树算法，提出了一种责任管理新方法，并且从相关因素出发，制定了相应的奖惩办法[53]。

通过对国内外奖惩与激励的文献进行梳理，可以看出，虽然针对奖惩机制国内外的学者做了大量的研究工作，但是，这些研究或是纯理论的研究，在企业的操作性比较差，不能发挥应有的作用，或是其奖惩机制没有与相应的成本责任大小联系起来，并且当前的这些奖惩研究针对煤炭企业的比较有限，对于煤炭企业奖惩机制的研究还限于绩效考核层面，研究相对较少。

总的来说，针对成本管理国内外学者虽然已经做了大量的研究工作，未来的成本管理朝着可视化的方向发展已经成为不可阻挡的趋势，但是，当前的研究工作仍然存在一些不足：首先，对于可视化成本管理的研究很多都局限于理论上，应用效果不是很好，成本发生的时空属性不能很好地揭示；其次，从成本责任角度出发探讨成本管理研究的文献较少，尤其是针对煤炭企业的研究；最后，对于成本的考核奖惩研究工作缺乏针对企业具体问题的分类奖惩机制研究，也缺乏与管理主体的责任结合起来进行研究的工作。

因此，本书将基于LUBA成本管控模型，从成本责任管理角度出发，系统地探讨面向可视化管理的成本责任管控，并探讨建立基于不同管理问题的煤炭企业成本奖惩机制，尽可能地实现对可视化成本责任管理机制的全面、丰富的研究。

## 1.3 研究目标与意义

### 1.3.1 研究目标

在煤炭企业信息化管理背景下，针对煤炭企业成本责任管理中责任模糊的问题，以及成本责任研究与应用存在理论的缺失，本书拟定如下研究目标：

1. 构建面向可视化的煤炭企业成本责任管理体系

基于原有的LUBA理论基础上构建煤炭企业LUBA成本管理模型，分析控制力度，完善LUBA理论体系；明确成本责任管理的内涵与特点，基于某煤炭企业的具体情况，找出相应区、块、单元的责任主体，并对成本责任进行职责划分，建立成本项目基于单元、块、区的责任相关矩阵；研究成本责任的作用机理，构建成本责任的作用机理模型，并以此提出所要解决的科学问题，为成本责任管理的展开研究提供规范方法。

2. 在所完善的LUBA理论体系基础之上对成本责任系数量化模型进行研究

对成本责任系数量化的必要性进行分析，明确责任系数量化的原则，以Nash谈判、Shapley值、最小核仁等博弈论的方法和以属性权重已知或未知的直觉梯形模糊数的方法为手段研究单元成本责任系数的量化方法，并对博弈论方法，以及直觉梯形模糊数的方法进行成本责任量化的适用性进行比较分析，以某具体煤炭企业为例进行单元成本责任系数的确定，以及块成本、区成本责任系数的合成。

3. 在面向可视化的成本责任系数量化的基础上对成本责任系数进行动态优化

对成本责任系数的作用特点以及对成本管理产生的影响进行分析，并从企业战略与管理重点、成本管理效果的反馈、成本责任管理系统自身的自适应调节、责任主体之间的博弈来进行责任系数优化的动因分析，建立成本责任系数优化模型，研究责任系数动态优化模型的智能求解方法。

4. 建立面向可视化的成本责任奖惩模型

对奖惩的作用模式和煤炭企业奖惩机制建设的必要性进行分析，以量化的成本责任系数为基础，建立一般责任奖惩模型，并针对信息非对称以及材料回收复用两种不同的成本异常因素建立不同的成本责任奖惩模型并对模型的合理性进行分析，提高成本责任管控方法以及煤炭企业奖惩机制的合理性和可操作性，实现成本的事中控制。

### 1.3.2 研究意义

论文研究的理论意义及现实意义如下：

1. 理论意义

(1) 利用LUBA模型研究成本责任相关问题，能够揭示煤炭企业成本发生的时空特征及构成的复杂性，能够还原成本发生的责任间相互关系。构建成本责任管理理论体系，有助于丰富煤炭企业成本管理理论，为实现煤炭企业的可视化和智能化成本管理奠定理论基础。本书针对成本责任管理的问题，将博弈论、模糊理论、遗传算法等理论应用于成本责任管理，实现了成本责任的量化研究，为实现成本责任实时、动态的可视化与智能化提供了理论框架。

(2) 基于LUBA模型对煤炭企业成本管理的责任主体及职责进行梳理，建立责任相关系数矩阵，以权、责、利相互协调为基础，通过博弈论理论与模糊数学的相关理论在LUBA成本管理结构上对于煤炭企业成本发生的责任相关者的责任进行研究与量化，构建成本责任量化模型，并对量化方法的适用性进行对比分析，极大地丰富了煤炭企业成本责任管理理论。

(3) 对成本责任系数进行深入研究,以系统论的思想从企业战略和管理重点的变化、管理效果的反馈、系统自身的自适应优化和责任主体之间的博弈等方面分析责任系数改变的动因,并基于博弈论理论与智能优化算法对成本责任系数进行动态优化,使得责任系数的确定更加合理,使其在煤炭企业更具有适用性,扩展了成本责任管理理论。

(4) 奖惩机制的研究是成本责任管理理论在奖惩方面的重要体现,通过分析煤炭企业成本异常因素,建立成本责任的一般奖惩模型和针对信息非对称问题与材料的回收复用问题分别建立奖惩模型,提高了煤炭企业奖惩机制的针对性,是成本责任管理理论在奖惩理论方面的重要延伸。

2. 现实意义

(1) 对于煤炭行业来说,本书的研究成果将有利于推进其成本责任管理的信息化进程,并为未来煤炭行业可视化与智能化发展指明了方向。当前,煤炭行业成本责任的管理比较薄弱,存在责任归属不清、职责不明、量化比较困难等现象,这些都阻碍了煤炭行业信息化的发展,本书通过构建责任系数的量化模型、智能优化模型,以及责任奖惩模型,使得成本责任管理的信息化具有可操作性,这对提高煤炭行业成本管理水平具有重要意义。

(2) 对于煤炭企业来说,本书的研究成果有利于实现对煤炭企业成本的事前、事中控制和全面管控。对煤炭企业的成本发生责任进行量化研究,能够突出各个成本发生项与各责任主体之间的内在逻辑关系,还原成本责任的时间、空间等真实属性。通过对责任主体的责任界定,避免了责任不清所导致的重复与遗漏现象,对煤炭企业进行有效的成本管控,从而降低企业成本具有重要意义。

(3) 对管理者来说,本书的研究成果能有效减轻管理者分析、处理成本责任数据的负担,将重心集中到改善工作质量和提升科学决策水平的管理活动中来。面向可视化的成本责任系数的量化研究,以及相应的责任奖惩的量化,有利于形成简洁、直观、高效的可视化成本责任管控模式,使成本责任管理中的问题以最直观的方式暴露出来,为企业管理和决策支持奠定基础,从而降低成本管理代价，提高成本管控效益。

(4) 为软件开发提供了实现智能成本责任管控的架构和问题处理模型。

## 1.4 研究内容与方法

### 1.4.1 研究内容及安排

在我国“两化融合”大背景下，以实现可视化的成本责任管控为基本目的，本书围绕研究目标，从煤炭企业实际出发，基于 LUBA 成本管理理论，对煤炭企业成本责任管理问题展开研究，具体研究内容如下：

首先，本书讨论了所研究问题的背景、国内外研究现状、提出煤炭企业成本责任管理的问题，由此明确本书研究的目标、内容与技术路线。接着对成本责任管理理论、信息化成本管理理论、可视化管理等理论进行研究，奠定接下来研究的理论基础。

其次，从成本责任管理体系基础、成本责任管理的内涵、成本责任相关系数的提出与应用、成本责任作用机理等方面的研究建立了成本责任管理体系。接着研究了责任系数确定的必要性，并研究了以博弈论的和直觉梯形模糊数对成本责任系数进行量化的两种方法，进行了对比分析。

再次，分析了成本责任系数优化的动因，应用博弈论的理论建立优化模型，并以遗传算法对模型进行求解，并且进行了算例分析。接着从奖惩的一般理论出发，分析了煤炭企业奖惩建设存在的问题，提出了基于成本责任的成本奖惩一般模型，以及基于信息非对称问题和材料回收复用问题的成本异常奖惩模型。

最后，对本书所研究的主要结论进行了梳理，总结了本书的创新点，对下一个阶段的工作进行了展望。综合上述的研究内容，本书将分 7 个章节，具体如图 1-1 所示：

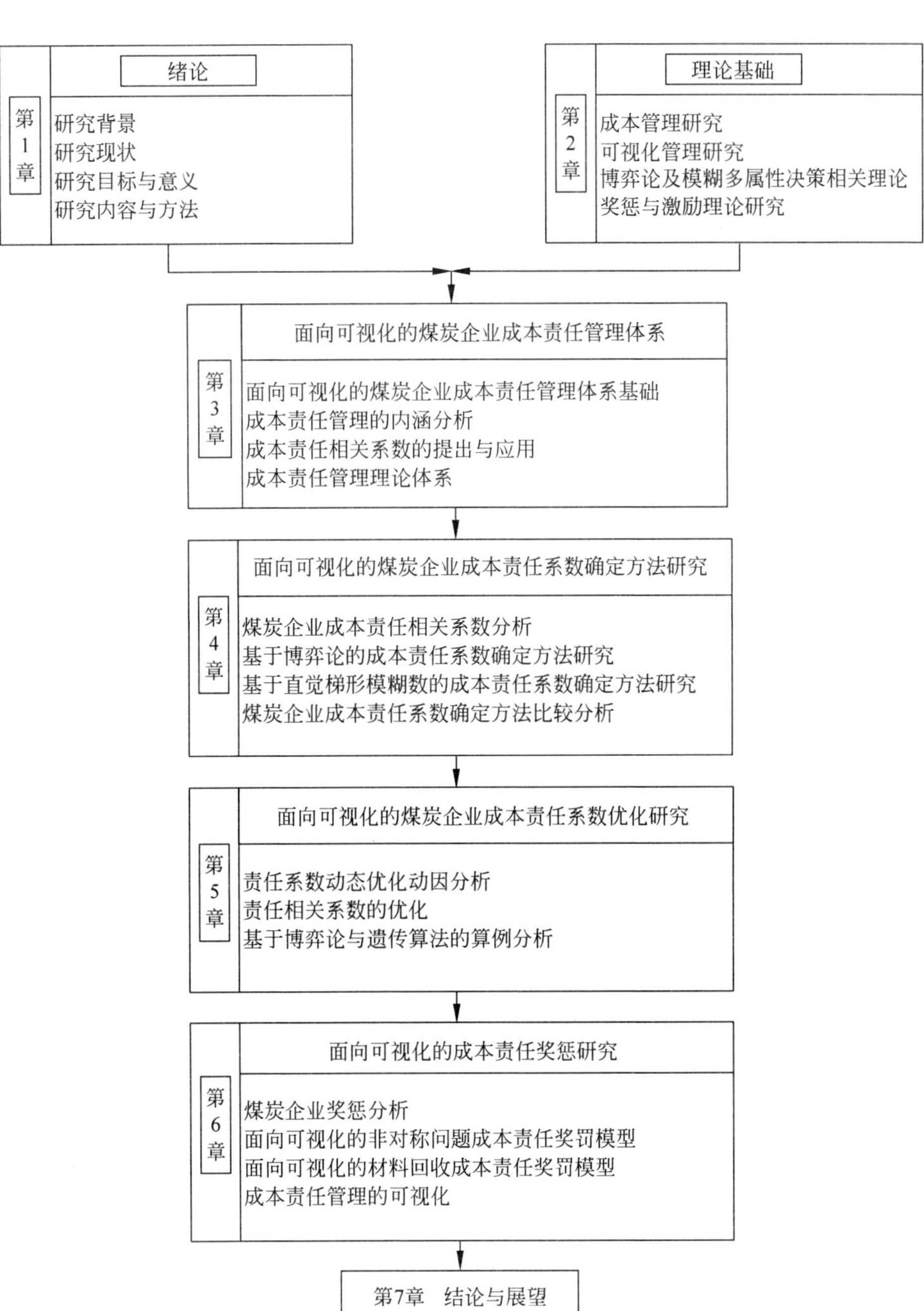
绪论
第1章
研究背景
研究现状
研究目标与意义
研究内容与方法
理论基础
第2章
成本管理研究
可视化管理研究
博弈论及模糊多属性决策相关理论
奖惩与激励理论研究
面向可视化的煤炭企业成本责任管理体系
第3章
面向可视化的煤炭企业成本责任管理体系基础
成本责任管理的内涵分析
成本责任相关系数的提出与应用
成本责任管理理论体系
面向可视化的煤炭企业成本责任系数确定方法研究
第4章
煤炭企业成本责任相关系数分析
基于博弈论的成本责任系数确定方法研究
基于直觉梯形模糊数的成本责任系数确定方法研究
煤炭企业成本责任系数确定方法比较分析
面向可视化的煤炭企业成本责任系数优化研究
第5章
责任系数动态优化动因分析
责任相关系数的优化
基于博弈论与遗传算法的算例分析
面向可视化的成本责任奖惩研究
第6章
煤炭企业奖惩分析
面向可视化的非对称问题成本责任奖罚模型
面向可视化的材料回收成本责任奖罚模型
成本责任管理的可视化
第7章　结论与展望

图 1-1　研究内容架构图

### 1.4.2 研究方法与技术路线

1. 文献研究法

文献研究法是通过对所研究的科学问题有关的文献进行收集、整体、鉴别，以把握该研究问题当前的进展与现状，帮助确定研究课题的方向、创新点。本书第 1 章通过文献研究方法，回顾了这几年煤炭企业成本管理、成本责任管理以及信息化成本管理的发展。第 2 章通过对成本管理、博弈论、利益相关者、模糊数学、激励、可视化管理等方面的理论的梳理，分析了当前成本管理存在的问题，由此确定本书的研究方向与重点。

2. 调研法

以 LUBA 理论为基础，确立建立成本责任管理体系的最终目的是要实践应用，为了确保本选题获取研究数据的有效性、完整性、可利用率，以及能够准确、全面地了解煤炭企业的管理与运营情况。本书第 3 章对司马煤业进行了实地调研与访谈，收集各会计期间所发生的各项成本费用明细、成本发生的时间与地点属性、了解煤炭企业的实际作业细节、地质与市场条件、部门及个人职能、考核问题等。在第 4 章采用问卷调查的方法确定初步基于直觉梯形模糊数的责任相关矩阵。

3. 数量研究与数学方法

数量研究方法即统计分析法，或称定量分析方法，本书第 4 章运用数理统计分析的方法对调查问卷所获取的数据进行分析，从而获得有效数据，以便更加科学地解释规律，得到科学的结论。本书第 4 章和第 5 章还运用博弈论、模糊多属性决策、遗传算法等数学方法确定并优化责任相关系数，为量化的成本责任研究和奖惩机制奠定基础。

4. 系统论的研究方法

系统论的研究方法是指用系统的观点研究和改造客观对象的方法，本书第 5 章将影响煤炭企业成本责任管理的各种相关因素看作一个动态的系统，并将内部因素和外部因素看成一个个子系统，分析系统内各要素之间的相互关系，研究系统、要素、环境三者的相互关系和变动的规律性。

5. 数学建模法

采用数学建模的相关方法能够反映成本责任管理问题中的一切特定规律与

相关关系。本书第4章中利用博弈论以及直觉梯形理论对成本责任系数进行建模求解,第5章中利用博弈论相关理论对责任系数的动态优化进行建模,第6章中依据数学原理和方法建立量化成本责任奖惩模型,定量地研究奖罚力度,并发现各因素间的相关关系,建立一种全新的成本管理方法。通过对研究方法的分析,可得到技术路线图如图1-2所示。

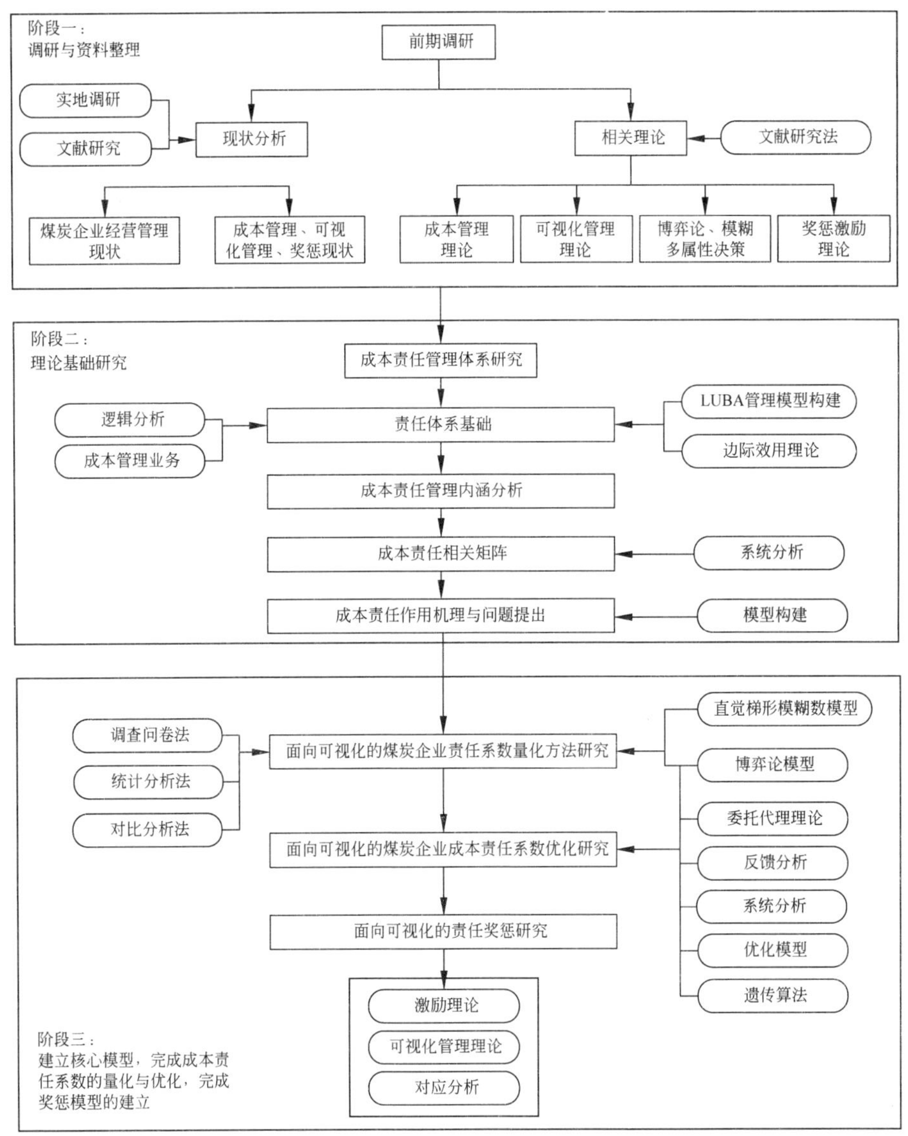


**图1-2　技术路线图**

# 第2章 理论基础

煤炭企业成本责任管理是成本管理的重要组成部分,它不同于传统的责任成本管理,这项研究的最终目的是实现有效的责任奖惩和可视化的成本责任管控,围绕前章提出的成本责任管理所研究的内容及所涉及的理论方法,本章从成本管理、可视化管理、博弈论及模糊多属性决策相关理论、奖惩与激励理论四个方面展开文献的调研。

## 2.1 成本管理研究

对于成本管理的研究,国内外学者做了大量工作,也产生了很多理论上的好方法,有目标成本管理、作业成本管理、责任成本管理等,本节接下来对这些成本管理理论的发展和责任成本管理进行文献调研。

### 2.1.1 成本管理理论研究的起源与发展

成本是企业在生产经营活动中耗费资源以货币计量的经济价值,是商品经济的产物和商品价值的重要组成成分,企业为了追求利润最大化,加强成本管理就显得尤为重要[54]。18世纪60年代初,成本管理在西方国家开始萌芽,其后不断丰富发展,特别是很多学者对成本管理从不同角度进行了定义,黄由衡博士认为成本管理主要是进行成本的识别、收集、计量和分类工作,为企业从事有关预测、计划、控制、分析、考核等工作提供依据而进行的管理活动[55]。

章锦生学者认为,成本管理的发展主要经历了三个阶段,即经验成本管理阶段、科学成本管理阶段和现代成本管理阶段,不同阶段具有各自不同的特点。经验成本管理阶段主要凭借个人的经验,采取统计方法进行成本计算,为成本会计的起源阶段[56];科学成本管理阶段不是单纯凭借经验管理,而是运用标准成本法来进行管理，成本管理也由原先的事后成本统计变为事前成本目标制定[57]；现代成本管理阶段是伴随着世界科技的快速发展，自动化水平不断提高，成本分析和计算方法进一步完善，成本管理不仅按照传统的方法对成本进行统计和控制外，更重要的是为企业进行预测和决策，特别是要突出企业未来经营效益预测和运营决策。其发展历程与成本会计的发展是紧密联系的。

成本管理理论的产生与发展可以按照事前、事中、事后不同阶段的逻辑层次进行划分，即以事后分析为主的阶段、以事中控制为主的阶段、以事前预测控制为主的阶段和全面战略成本管理阶段。从 19 世纪初到 20 世纪初约 100 年的时间里，成本管理经历了相当漫长的事前控制成本阶段，重点是对所发生的各项成本进行核算[46]。

20 世纪以后，资本主义经济快速发展，社会生产力不断提高，竞争不断加剧，社会资本开始向大企业、大财团集中，企业规模迅速壮大，从而不断扩大生产规模，造成了产品平均利润率的持续下降，企业管理日趋复杂化。为了改善这一状况，企业通过改变传统管理者凭经验进行管理的方法，更合理、更专业地进行企业内部管理，因此标准成本管理得以萌芽和发展。标准成本制度的出台和快速发展，将原先的事后成本核算发展到现在的事中成本控制，从而使企业管理人员、技术人员和一线工人在工作中都增强了控制成本的理念，降低了企业成本。

从 20 世纪 30 年代到 50 年代，在标准成本为核心的基础上，成本管理体系引入了现代行为科学，使得从注重产品的成本管理到注重人员的控制，企业建立由人员控制生产的全过程，同时考核相关责任部门业绩的成本责任制度。西方企业在这一时期大力推行职能及行为科学管理理论，产生了责任成本管理理念，进一步提升了在成本管理过程中人的因素的重要性，促使成本控制进入事前控制的阶段，从而提升成本管控的效果。

20 世纪 40 年代，有些学者在研究水力发电行业如何正确解决计算成本时，提出了作业成本法，即以作业为基础来分配间接费用的方法[58]。自 20 世纪 90 年代以来，西方发达国家大力发展制造业，作为当时一种先进的管理方法，作业成本法得到许多企业的广泛应用与推广[59]。

自20世纪50年代至80年代，世界经济全球化趋势越来越明显，新兴产业如雨后春笋，层出不穷，消费者对产品个性的需求越来越大，企业竞争不断加剧。如果企业成本管理仍停留在传统管理，局限于企业内部，故步自封，势必会在竞争中处于劣势，因此企业需要将成本管理放在战略的高度上，这在现代成本管理中占有非常重要的位置[60]。战略成本管理不仅突破了传统成本管理将成本控制停留在微观层面上的局限，而且将重点研究转向企业整体战略这一领域[61-62]，而价值链成本管理更关注企业的整个经济活动运行，本质上是价值链管理的组成部分和战略成本管理的延伸，扩大了成本管理核算范围，包括企业内部的成本问题和与本企业相关联的外部问题[63-65]。

20世纪80年代后，成本管理开始发展到技术领域，并且向成本管理的各个环节进行渗透。随着经济全球化不断深入、世界宏观经济的不断变革，传统的管理方法已不能满足现代管理的要求，成本管理理论的发展受到了一定程度的阻碍，于是一些国内外学者开始探讨将已有的成本管理理论与方法相结合来进行成本管控。成本管理逐渐向事前预测、事中控制和事后分析全过程的精细化成本管理的方向转变，对提高企业效益、降低成本具有重要的意义[66]。

当今，随着信息技术的高速发展，企业经营方式越来越多样化、复杂化，将现代企业管理与信息技术相结合已经成为一种趋势，信息化这一理念在20世纪60年代末，被日本学者率先提出，主要是基于日本产业界和学术界对经济发展阶段存在问题的具体判断，企业信息化成本管理对经济的发展具有重要的作用。信息化成本管理丰富了企业成本管理理论[21]。随着信息技术发展的不断深入，可视化管理的手段逐渐受到人们的青睐，为了充分利用信息化带来的优势，使企业获得更大的经济效益，一些管理者越来越重视可视化技术与可视化管理在成本管理中的研究与应用，直观、高效、动态的可视化成本管理方式必然会成为现代企业成本管理的趋势和学者们的研究热点[29]。

### 2.1.2 责任成本管理研究

责任成本管理是西方现代成本管理中一套有效控制成本的方法，它产生于20世纪初，这一时期，资本主义经济迅速发展，以责任中心为核算单位的责任会计应运而生并得以发展，因此这一时期通常也被称为“成本计算的文艺复兴”时期。

责任成本管理是企业降低成本、提高效益的重要管理方法，主要是在成本责任产生、分解、转移、分析、考核过程中进行计划和控制，企业实行责任成本管理就是将人员管理与成本管理相结合的管理模式[67]。计算责任成本的原则是先将成本费用划分给指定的责任者，无论何时何地发生成本费用，谁的责任即谁的成本。责任成本计算内容主要是可控成本，即各责任成本中心直接耗费的或所能控制的成本，从而控制、考核预算责任成本的执行情况，提高企业效益。在成本管理实践中，责任成本管理方法与其他管理方法的区别在于责任成本管理重点强调责任与成本相挂钩[59]。

#### 2.1.2.1 责任成本管理理论发展演进

责任成本是伴随着责任会计的发展而发展的。在西方发达国家中，责任成本同责任会计一样经历了形成、发展和完善三个不同的阶段。

在 20 世纪 20 年代，美国通用公司对企业管理进行了不断的探索与创新，形成了最初的责任会计理念，体现在泰罗制的推广与应用。20 世纪三四十年代，国际经济的迅猛发展和市场竞争的不断加剧，带动了责任会计的快速发展，并于 1942 年，正式出版了第一部《管理会计》[68]。进入 20 世纪 50 年代，企业规模不断扩大，企业经营日益多样化，组织机构更加复杂，分支机构遍布全世界，传统的泰罗模式已无法适应现代企业的管理要求，现代化的管理模式，如运筹学、行为科学等模式应运而生。此时的责任会计理念不仅实现了对运筹学和行为科学理念的有效运用，还提升了企业的内部管控效果，提高了员工的工作积极性，理论相对较为成熟。

我国企业在责任会计领域的研究要晚于国外，一些企业于 20 世纪 50 年代开始加强企业内部责任管理，通过采取班、组经济核算的方法来提高企业效益，我国责任会计核算出现雏形。改革开放以后，传统的财务会计核算已经远远不能满足企业的需要，开始与现代的责任会计理念相结合，按照市场经济的发展理念，会计核算明确了责权，开始不断细化，提高了员工的积极性，企业责任会计核算工作发生了巨大的变化，对会计改革具有重要的意义。20 世纪 90 年代，中国建筑集团提出了责任成本管理模式，并在系统内部得到了应用，此后，国内施工企业开始广泛应用责任成本管理模式[69]。

任宏、寇胜彪等学者认为成本责任管理必须具备责任中心、责任范围、责任目标、考评指标、考评机构、奖惩办法六个要素。孙国光等学者认为建立责任成本管理体系，首先应组织相关的管理人员组成团队，划分成本责任中心，对各单位的成本责任进行界定，编制成本预算目标并对其进行分解，这是责任成本管理中最基础的环节，依据分解的预算目标下发责任成本，接着对责任成本管理进行过程控制，及早对责任成本管理中存在的问题进行修改，然后依据责任成本管理办法核算责任成本，同时编制责任成本管理报告，按照考核结果对责任成本进行考核、奖惩，并对其经验进行总结推广，具体过程如图 2-1 所示[70-71]。

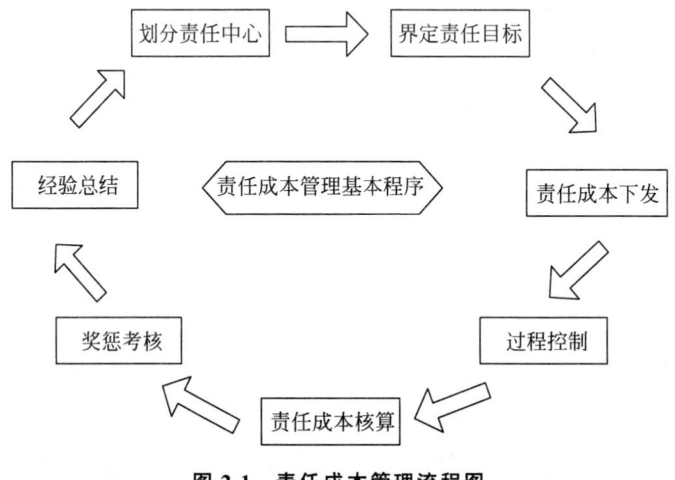


**图 2-1 责任成本管理流程图**

### 2.1.2.2 责任成本管理理论发展趋势

1. 全过程、全员的责任成本管理

王鹏等学者认为在企业责任成本控制中，应该按照责任成本管理的要求，预先建立全过程成本责任模型，对成本管理进行事前预测、事中控制、事后分析并反馈，整个责任成本管理遵循计划、实施、检查、行动即 PDCA 循环。企业成本责任管理要逐步激发员工“公司即我家”的主人翁意识，真正实现公司全员成本责任控制机制。随着市场经济的不断发展，企业成本责任管理研究不断深入，不能简单地将成本控制理解为控制企业成本，而应理解为更好地优化资源配置和高效管理资本产出[72]。

2. 责任成本控制人本化

现代制造企业将传统手工制造与员工参与的器械化生产融合在一起，不论采用何种生产方式，员工在企业成本控制中都起着特别重要的作用。传统单纯依靠企业管理者制定成本控制目标，员工按照计划执行成本控制，已经无法调动员工的积极性。同时，仅仅依靠企业管理者的个人努力来实现成本控制的效果微乎其微。因此，企业应调动员工积极性，使其积极主动参与成本控制，从而达到企业成本控制预期效果，同时以成本控制的预期效益来激励反馈员工，将企业的成本控制绩效与员工的个人绩效相挂钩，真正实现责任成本控制人本化，达到互利共赢的效果。

3. 成本责任管理信息化

周瑜博士认为，随着科技的进步，信息技术将高速发展，软件系统将逐步在企业中得到普及，且性价比将会更高，企业信息化运行成本更加低廉。企业通过采用前沿的、高科技的信息系统，将会快速获取目标市场和相关企业的信息，对收集到的信息进行加工处理，成为企业所需的成本控制信息，从而将成本控制信息传递给管理者和员工。同时信息化技术能够提高传统手工计算的正确率，降低财务人员的工作量，使企业成本核算更加准确。信息传递的准确化和高效化是未来企业提高效率、控制成本的关键[73]。

#### 2.1.2.3 责任成本管理研究

目前，国内越来越多的企业采用了责任成本管理这套方法对项目进行成本管理。责任成本管理是一套很好的成本管理方法。企业推行责任成本管理能够充分挖掘潜力，提高员工成本意识和管理素质，以很好地控制成本，提高企业经济效益。

国内外的研究者也对责任成本管理理论做了许多深入的研究，国内的研究主要集中在工程项目的责任成本管理方面。如陈善授学者在责任成本管理研究领域，以水电施工企业责任成本管理作为研究对象，从责任成本中心设置、分解、控制、分析、考核等方面研究施工企业责任成本管理问题，提出了一套完整的施工企业责任成本管理体系，西南财经大学的林海以中铁二局四公司为背景，从责任成本管理报告体系，以及责任成本预算等方面对责任成本管理理论进行了扩充[74]。

南京大学会计学专业课题组在责任成本实施与考评研究领域，通过调研我国许多企业，探索出企业在划分责任中心和责任指标时，应该同时考虑责任考评成本和考评效果两方面的因素。同时，确定企业的内部转移价格应选择出合适的指标，将有助于深化企业责任会计的运用。然而我国多数企业内部存在很强的集权管理倾向，对采用利润指标作为员工激励与控制的动因产生很大的影响，同时在责任会计实施时存在许多待解决的技术问题[75]。将现有的成本管理方法结合起来进行研究，充分发挥各自的优势，越来越受到学者们的重视，如目标成本管理与责任成本相结合[76-77]、ERP 与责任成本管理相结合、战略成本管理与责任成本管理相结合[78-80]、价值链理论与责任成本管理相结合等[81]，这些都极大地丰富了责任成本管理理论。

在与作业成本相互结合方面，吴培周学者在研究作业单元与责任中心的区别时，在对作业成本责任进行分解和成本责任流形成的基础上，探究责任成本管理中成本责任流的应用，指出当前企业存在的成本管理问题和未来的发展方向，即将作业成本与目标成本以及标准成本结合起来，建立基于作业成本法的责任成本管理模式，使责任成本深入作业层次[82]。王瑞华等学者针对油气田企业，分析了责任成本管理存在的不足，按照基本理论设计了一套作业基础责任成本管理体系，适用于油气田企业。从应用效果来看，作业基础责任成本管理体系明确责任成本升降的原因在于责任成本管理系统是以采用激励约束机制来实现目标成本，从而提高企业效益[83]。

## 2.2 可视化管理研究

可视化管理作为智能化管理的一种重要工具，越来越受到管理者的青睐和学者的重视，本节围绕可视化以及可视化管理理论，可视化管理的应用研究，以及可视化成本管理展开相关的文献调研。

## 2.2.1 可视化管理理论研究

### 2.2.1.1 可视化理论研究

一些心理学家通过人类心理实验获得信息证实，人类获得的外界信息，约80%以上是通过视觉系统获得的，当大数据以直观、便捷的可视化图形展示时，分析者常常能够迅速地洞察图形背后的信息并将其转化为自身的智慧[84]。可视化技术已经运用到社会生活的多个领域，随着可视化技术的高速发展，在给人类带来更多方便快捷的同时，还给我们带来很多意想不到的发现。

1987年2月，在美国国家科学基金会“NSF”召开的专题讨论会议中提出了可视化“Visualization”这一概念[85]。提出可视化是利用图形图像技术帮助人们快速了解信息，将目标产品的重要信息特征压缩成图像语言，使人类快速感知、记忆的图形化表示法。因此，可视化就是将信息、数据转化为可视的形式，从而能够对信息、数据获得更深层次的认知过程[86]。由于处理对象和应用范围的不同，文献里常常将可视化分为四种，即科学计算可视化、数据可视化、信息可视化和知识可视化。如今随着可视化技术的不断完善，其分类边界越来越模糊。这几类可视化方法间的关系[87]如图2-2所示。

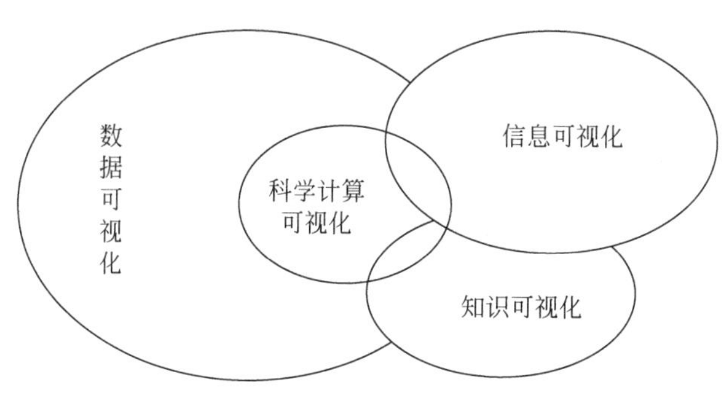


**图2-2 可视化分类图**

目前，科学计算可视化在工程和计算机领域得到了广泛应用，主要是运用计算机图形学的原理和图像处理技术将工程计算中产生的计算结果转换为图像和图形，并进行交互处理后直观地表示出来。随着可视化技术的不断发展和演变，其含义已得到了扩展，包括工程计算数据和信息数据的可视化、科学计算数据的可视化，涉及计算机辅助设计、计算机图形学、图像学处理、人机交互技术和计算机视觉等领域[88]。

信息可视化是在ACM"用户界面软件与技术"会议中被首次提出，被界定为一种交互式图形用户界面范型[89]。S. K. Card等学者认为信息可视化（information visualization）是利用计算机支持的、交互的、可视化的形式来进行抽象数据的处理，来增强人们的认知能力[90]。信息可视化与科学可视化研究领域不同，主要侧重于借助可视化图形来呈现数据中隐含的规律和信息，从而建立符合人类认知规律的心里映像（mental image），不仅包含了运筹学和相关学科的范畴，更侧重于对抽象信息的可视化，包括所访问的结果和数据各部分之间的关系，用于加速查找的过程。信息可视化主要包括层次信息结构可视化、多维数据结构可视化、运行状态、网络结构、浏览历史和网络用户可视化等，信息可视化正是一种帮助人们获取知识和理解信息的手段[91]。20世纪90年代，陈超美学者致力于开发研究可实现知识领域可视化的应用软件和相关算法原理，2004年陈超美开发了用于进行科学领域的CiteSpace信息可视化应用软件[92]。信息可视化技术经历了20多年的发展，已经成为人们解决复杂问题的重要手段。Maria等学者对可视化方式依据数据结构进行了分类，杨彦波又对其进行了发展，总结后加入了信息可视化自适应新类型[93-95]。

数据可视化（Data Visualization）是在科学计算可视化的基础上发展起来的，管理者不仅需要对计算机计算出的数据进行图形图像分析，还需要对计算过程中数据的变化进行分析研究。随着软件技术的不断进步，数据可视化的概念也逐渐扩大，包括科学计算数据、测量数据和工程数据的可视化。当今数据可视化主要是利用计算机图形学和图像处理技术将数据转换成图像和图形，将其显示在屏幕上，同时对其进行交互处理的技术，涉及计算机图像处理、图形学、计算机视觉、计算机辅助设计和人机交互技术等不同领域。美国加利福尼亚州大学Davis分校的马匡六教授团队等在数据可视化领域做出了很大贡献，夏琳副教授经过多年的研究，主持开发了多项可视化系统。德国D. Keim学者通过数据交换和交互性的方式，对不同的数据可视化方式进行了归集[96]。我国武汉大学信息资源中心、大连理工大学等研发团队对该技术的发展都做出了非常大的贡献[97]。

Eppler&Burkard学者认为知识可视化是运用视觉表征形式来实现知识的传播与创新，是在科学计算可视化、信息可视化、数据可视化的基础上提出来的。知识可视化研究的领域主要是视觉表征在提高两个人以上(包括两人)之间的知识传播与创新的作用。因此，知识可视化不仅可以传达事实信息，还是构建和传达复杂知识的重要图解手段，目标在于传输看法、价值观、经验、态度观点和期望目标等，并以这种方式正确地帮助他人对这些知识进行重构、记忆、应用[98]。

我们从研究对象、可视化目的、主要技术、可视化方式四个方面对数据可视化、信息可视化与知识可视化三者进行比较，如表2-1所示。

**表2-1 可视化研究分支比较**

| 类别 | 科学计算可视化 | 数据可视化 | 信息可视化 | 知识可视化 |
|---|---|---|---|---|
| 研究对象 | 空间数据 | 大型数据库中数据 | 非空间数据 | 人类的知识 |
| 目的 | 将抽象的数据直观表示 | 获取数据间内在信息 | 发现信息间关系和隐藏信息 | 提高知识在群体之间的传播 |
| 技术 | 信息集成、传输、图形处理 | 信息交互处理、数据挖掘 | 数据挖掘、知识创新 | 知识发现、知识传播 |
| 方式 | 计算机图形、图像 | 计算机图形、图像 | 计算机图形、图像 | 绘制草图、知识图表、视觉隐喻 |

目前多数学者致力于数据可视化和信息可视化的研究[26]。在可视化研究领域，涉及多维和海量数据的科学计算可视化、信息可视化、数据可视化、知识可视化方法，建模与映射关系研究和人际交互的计算机图像处理技术和图形学，主要包括GIS、空间展示和虚拟现实等。在知识可视化中，智能管理辅助、知识管理、知识融合、可视化管理与其他学科相结合并且得到了应用创新，正如电子发射断层扫描技术(Position Emission Topography, PET)、神经科学成像设备、功能性磁共振成像(Functional Magnetic Resonance Imaging, FMRI)等技术将会成为未来研发的重点领域。

#### 2.2.1.2 可视化管理理论研究

可视化管理(Visual management)理论借鉴了现代科学管理中的各种理论，

通过色彩适宜、形象直观的视觉感知效果来管理组织企业生产，从而能够提高员工生产积极性和劳动生产率，是一种利用视觉来进行管理的科学方法[99]。可视化管理改变了现有企业的管理模式，使管理者更直观、更方便、更清晰地运用可视化技术来掌握生产的全过程，同时为企业实施重大项目时提供决策支持，使企业管理和决策更加精确、便捷。

可视化管理元素包括任务、视角、引导、价值、策略、目标、技术、人、操作、支持系统等，是组成可视化管理的基本元素。可视化管理创造了针对这些元素的另一个维度。因此，作为一项综合的管理技术，可视化管理覆盖面特别广阔，只有清楚每一个可视化元素的作用与效果后才能做好企业的可视化管理。可视化管理元素图如图 2-3 所示。

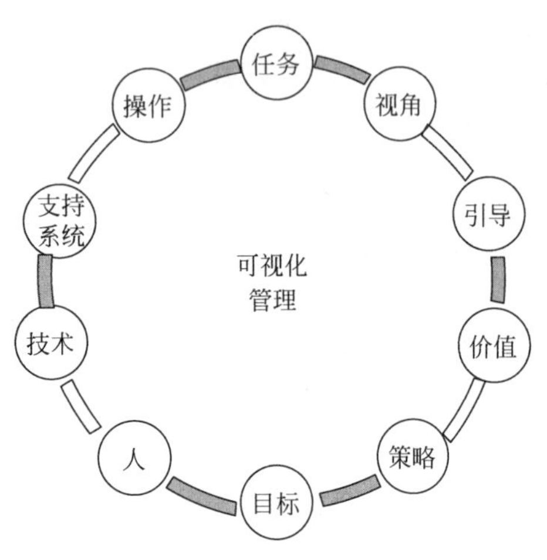


**图 2-3 可视化管理元素图**

很多学者对可视化管理的作用做出过相关论述[100]。可视化管理的优点不仅在于可以将管理的目标集中于一点，还能够随时将生产的信息呈现在员工面前，为生产过程和企业结构添加了新的维度，因此，可视化管理适用于任何一个企业，最突出的作用是能够按照企业的预期目标，将企业目标与员工的行为连在一起，从而影响员工的表现，使企业的效益最大化。

可视化管理能够提高管理者的管理效率。由于可视化管理有较高的透明度，使企业生产作业的各个过程公开化，现场员工能够及时知道自己的工作效率与预期工作进度之间的差异，并且能够互相监督、互相比较、互相激励，从而能够及时调整自己的工作节拍，为提高员工效率提供系统支持。

可视化管理能够实现员工与企业的目标一致性。企业急需解决的问题是如何调动员工积极性，将企业的目标有效地传递给公司的每位员工，并且形成员工个人的工作目标。可视化管理通过提供一个有效的奖惩机制，将生产管理的效果呈现给每位管理者和员工，通过改善管理沟通、澄清目标来实现员工和企业的目标一致，促进员工管理。

可视化管理能够将企业管理中隐藏的问题在管理者面前显现出来，使公司的每位员工能够及时了解公司的产量、进度、成本控制等指标，从而及时采取纠偏措施。可视化管理能够让管理者及时发现存在的问题，为管理者提供一个暴露问题、及时改进管理的工具。

### 2.2.2　可视化管理应用研究

可视化管理作为智能化、科技化的管理方法，是运用现代化的管理技术来引导不同行业管理者应对突发情况的有效工具，越来越受到管理者的青睐和学者的重视。

从可视化管理研究领域来看，无论是劳动密集型行业还是高科技行业，可视化管理的研究已经非常广泛。在经济金融领域 I. Alfreed 学者研究了高维数据的可视化和数据挖掘，并且基于此，构建了某国可视化经济分析模型[101]。在农业领域，梁启章等学者将可视化管理方法与农业管理相结合，研究农业领域可视化管理方法，探讨出了在田间采用可视化的方法来进行施肥与时间管理等[102]。在交通领域，Y. Zhou 等学者研究了在地铁建设安全管理中 4D 可视化技术的应用，在地铁建设过程中，通过对存在的危险源进行安全识别和实时监测，并且将安全信息在 4D 模型中进行显示，管理者能够更加直观的获知不安全信息，并且及时进行修缮[103]。在电力行业，熊华强等学者在智能变电站中，通过在 SCD 文件管理中引入可视化的思想，增加 SCD 文件的可阅读性，提高维检人员的工作效率[104]。在信息行业，I. C. Wu 学者将可视化从数据管理领域延伸至管理软件进行分析研究，提出了信息行业 PIIM 应用结构，并且成功解决了多系统和多用户间的数据融合，实现了复杂可视化管理与可视化展示的目的[105]。在服务行业，孟庵等学者建立了一套可视化管理体系，提出了可视化管理三维模型[106]。在建筑行业，C. S. Park 等学者在建筑安全管理中，研究了可视化的应用，提出了建筑安全管理可视化系统（SMVS）架构模型[107]。

从企业经营管理角度，可视化管理的研究也逐渐深入经营管理的各个方面，包括可视化管理在学习成长层面、内部经营过程层面、财务管理层面、客户管理层面的运用[108]。在物流企业全面业务过程管理中，李为为等学者研究了配送和运输等可视化物流管理系统，使得物流企业能够及时了解货物的状态[109]。在企业财务管理领域，张雁飞和 K. Zhang 学者都对其进行了研究，张雁飞基于资产管理可视化和运营可视化，研究了提升企业会计信息化的路径；K. Zhang 学者对企业组织体系、经营计划、经营理念、财务管理、金融等进行了可视化设计，研究了可视化设计在管理中的应用[110-111]。在安全管理领域，吕明针对地下空间管理过程中出现的安全问题进行研究，以实现地下空间安全可视化管理的三大核心理论为指导，即信息可视化理论、安全管理理论、认知科学理论，建立信息系统模型与安全可视化管理理论体系，同时分析了地下空间安全可视化的需求[112]。在煤电领域，A. González-Cencerrado 运用可视化系统模拟仿真了 500kW 下旋涡锅炉内的煤粉燃烧特性，并实现了对该过程的可视化监控管理[113]。在企业经营管理方式上，周洁平等学者研究了可视化管理系统[114]。在维护客户关系管理方面，房庆军等学者建立了新型管理机制，即将可视化管理与客户关系管理相结合，更好地解决了现存的客户关系交互问题[115]。

## 2.3 博弈论及模糊多属性决策相关理论

由于煤炭企业成本责任管理中，各个成本管理利益相关者之间存在博弈关系及属性之间的模糊交互关系，因此本节从博弈论及模糊多属性决策相关理论两个方面展开文献的调研。

### 2.3.1 博弈论相关理论

博弈论于 1928 年正式诞生，人们长期以来将其看成是经济学领域的一个研究分支。但是，博弈论作为一种方法，在管理学领域的地位越来越突出[116]。博弈是在一定的环境条件下，一些人、团队、其他组织按照一定的规则同时或者先后从各自可以选择的行为或者策略中进行选择并实施，最后从中各自取得相应结果或者收益的过程[117]。

一个完整的博弈需要五个要素构成，即参与者、博弈信息、可选择的全部策略、博弈次序、博弈方收益。参与者是指在博弈过程中能够独立决策、独立承担结果的组织或者个人；博弈信息是指参与者关于博弈所掌握的相关资料；可选择的全部策略是指博弈者可以选择的方法、策略等；博弈次序即参与者选择策略的先后顺序；博弈方收益即博弈方最后做出策略选择后的得失[118]。

#### 2.3.1.1 博弈的划分

博弈划分可以按照博弈中不同要素的特征进行。例如按照博弈方的不同数量进行划分可以分为多人博弈、两人博弈、单人博弈；按照可选择的策略分为无限博弈、有限博弈；按照收益状况可分为变和博弈、常和博弈、零和博弈；按照博弈重复次数和持续时间、博弈主体先后顺序可分为重复博弈、动态博弈和静态博弈；按照博弈主体对其他参与主体的信息掌控程度可分为不完全信息博弈、完全信息博弈。如果将前面两种博弈相结合可组合成为不完全信息动态博弈、不完全静态博弈、完全信息动态博弈和完全信息静态博弈。除此之外，还可以按照博弈方行为逻辑差别、理性程度分为合作博弈和非合作博弈，完全理性博弈和不完全理性博弈。研究博弈要素的划分对博弈分析和结果具有重要的意义[119]。

上述各种博弈分类并不存在严格的层次关系，相互之间存在交叉关系。但是，我们可以根据不同的博弈分类方法对分析影响程度的高低进行排序。首先，将其分为合作博弈和非合作博弈两类；其次，按照非合作博弈的范畴，可以将其分为有限理性博弈和完全理性博弈两类；第三个层次是按照信息是否完全来进行分类，可以分为完全信息静态博弈、完全信息动态博弈、不完全信息静态博弈、不完全信息动态博弈[120]。除此之外，博弈还可以分为单人博弈、多人博弈，零和博弈、非零和博弈等。

总之，上述对博弈的划分是博弈的基本分类结构，同时也是博弈理论的基本结构。但是，由于博弈分类在事实上具有一定的主观性，因此不能用机械的眼光去看待博弈分类。随着博弈问题和博弈理论的不断发展，博弈划分方法也会不断发生变化。

#### 2.3.1.2 合作博弈相关理论

Von Neumann 首先创立了合作博弈理论，他与 Morgenstern 学者在 1944 年出版了《博弈论与经济行为》著作，为现代博弈论奠定了数学基础。合作博弈、非合作博弈的区别为，当参与人在博弈时的相互行为作用下，能否达成一个具有相互约束力的合作协定[121]。在合作博弈中，参与者之间具有一定的约束力，合作得到的收益可以由参与者按协议进行分配，称之为支付可转移的合作博弈，大部分情况下是联盟型博弈；反之，若不能参与分配，则称之为支付不可转移的合作博弈，其又可以分为两种模式，即支付不可转移的联盟型博弈和谈判问题两种[122]。可以用特征函数对合作博弈进行描述，特征函数定义如下：

**定义 2.1** 特征函数：设有限个人的参与集合为 $N$，设有限数对 $(N,v)$ 为合作博弈的特征型，也叫作联盟型，则特征函数 $v$ 定义为映射：$2^N \rightarrow R^N$，且 $v(\varnothing)=0$。其中 $2^N=\{S|S\subseteq N\}$。

合作博弈中，特征函数具有超可加性[123]，设 $S$ 和 $T$ 是两个相互独立的联盟，则他们联盟后所获得的收益大于不联盟时的收益之和，即当 $S$ 和 $T$ 满足 $S\cap T=\{\varnothing\}$，则有：

$$v(S \cap T) \geqslant v(S)+v(T) \tag{2.1}$$

$v$ 是联盟 $S$ 的特征函数，$v(S)$ 是联盟 $S$ 中参与合作所得到的效用，可能是收益（正效应），也可能是成本（负效用），假设为可转移效用博弈，$x_i$ 表示参与人 $i$ 参与联盟合作分到的数量，如果满足 $x_i \geqslant (\{i\})$，$i\in N$，且 $\sum\limits_{i\in N} v(N)$，则向量 $x$ 称为合作博弈的一个配置。

合作博弈有两个主要的研究方向：第一，如何使各参与者达成合作；第二，如何对各个参与者进行合作所带来的利益的分配[124]。采用公理化的手段是合作博弈分配中最基本的研究方法，即采用公理化机制来制定合作博弈的分配策略，Nash 讨价还价博弈理论、Shapley 值理念、核仁理论等都是其典型的方法。

#### 2.3.1.3 信息非对称及委托代理理论

由于技术的不断进步，社会分工和专业化倾向越来越明显、信息搜寻成本较高、交易者知识有限、拥有信息的一方隐匿信息等弊端原因，造成了信息的非对称[125]。信息非对称理论被西方学者称为最近二十年微观经济理论最活跃的研究领域。在信息经济学文献中，常常将拥有私人信息的当事人称为“代理人”(Agent)，缺乏私人信息的当事人称为“委托人”(Principal)[126]。

在非对称信息条件下，参与者的经济关系可以被定义为“委托—代理”的关系。由于处于非对称信息条件下的双方存在信息差别，因此达成了社会契约。要想获得均衡的社会契约，必须满足参与约束条件、激励相容条件。

由于代理人拥有自己行动的私人信息，而且委托人无法准确地观察到该行为。因此，不论委托人采用何种激励措施，代理人都会选择最大化自己效用水平的行为。委托人在非对称信息条件下，只有通过设计一套合理的方案来诱导代理人显示其私人信息，才能达到双方的利益最大化。由于委托人和代理人的效用函数存在差异，导致双方在履行契约时会发生利益冲突。因此，必须建立有效的激励和监督机制，防止委托人的利益受到损害。

从非对称信息发生的时间和内容两个角度分析，可以将委托—代理关系划分为两种类型。在签约之前，发生隐匿信息的行为称为逆向选择；在签约之后，将发生的隐匿信息的行为称为道德风险。信息非对称模型分类，可见表 2-2。

**表 2-2　信息非对称模型分类表**

| | 隐藏行动 | 隐藏信息 |
|---|---|---|
| 事前 | | 逆向选择模型<br>信号传递模型<br>信号甄别模型 |
| 事后 | 隐藏行动的道德风险模型 | 隐藏信息的道德风险模型 |

张维迎认为信息经济学的模型包括两类，分别是委托—代理模型和逆向选择模型，而委托—代理模型又被称为隐藏行动的道德风险模型[127]。

委托人不能迫使代理人按照委托人期望的行动来达到效用最大化的目的。因此，在满足代理人服从相应的约束条件下，委托人的问题转化为通过建立有效地激励机制来使自己的期望效用最大化。

### 2.3.2　模糊多属性决策相关理论

多属性决策的本质是充分借助已有的决策信息，利用一定的方式对一组备选的决策方案进行权重的确定。它是现代管理科学、系统工程和决策科学的重要组成成分，其理论方法已经在管理、军事、工业工程、经济和社会等诸多领域得到广泛应用[128]。

管理者由于客观事物存在不确定性、思维的模糊性和复杂性等特征，往往在最终的决策过程中难以给出更为精确的决策信息，通常数值常以直觉模糊数、区间模糊数或者三角模糊数等不同形式的模糊决策信息来确定。因此，模糊多属性决策问题的研究对于企业决策者而言具有重要的理论基础和现实意义。

引入直觉梯模糊集不仅发展丰富了模糊集理论，更是对企业决策者主观想法的反应。迟疑度反映了决策者对于决策候选方案的不确定性，并且对其缺乏一定的了解。以企业投票选举为例，隶属度函数对应的函数值为投赞成票的决策者占所有投票的比例；非隶属度函数对应的函数值为投反对票的决策者占所有投票的比例；迟疑度函数对应的函数值为投弃权票的决策者占所有投票的比例[129]。

国内外学者对模糊多属性决策理论进行了大量的研究，并取得了很大的成就。主要体现在模糊数的比较和排序方法研究[130-131]、决策模糊指标的规范化方法[132]、属性模糊权重的确定方法[133-134]、模糊数的距离与贴近度的定义及其与模糊决策的关系[135-136]、模糊多属性决策方法[137-138]、模糊多属性决策理论和方法的应用等几个方面[139-140]。

#### 2.3.2.1 直觉模糊集理论

直觉模糊集理论是保加利亚学者 Atanassove 提出来的，直觉模糊集并不是一种全新的模糊集，它是传统模糊集的补充和扩展[141]。直觉模糊集与一般模糊集的区别为，它是在一般模糊集的基础上增加了非隶属度函数这一新的函数。同时，直接模糊集在处理不确定信息时明显优于模糊集，通过参照隶属度、非隶属度和犹豫度的信息，可以更加清晰地描述出客观事物的模糊性特征，从而更加有利于不确定条件下的决策和不精确信息的显示[142]。

直觉模糊集定义如下[143]：

**定义 2.2** 设 $X$ 是一个非空集合，则集合 $X$ 上的一个直觉模糊集 $A$ 定义为

$$A=\{\langle X,\mu_A(x),v_A(x)\mid x\in X\rangle\} \tag{2.2}$$

其中：$\mu_A(x)$：$X\rightarrow[0,1]$，$v_A(x)$：$X\rightarrow[0,1]$，$\mu_A(x)$为隶属度函数，$v_A(x)$为非隶属度函数，且对于 $A$ 上的所有 $x\in X$，满足 $0\leqslant\mu_A(x)+v_A(x)\leqslant1$。另

外，$x$ 的犹豫度函数可以定义为：

$$\pi_A(x) = 1 - \mu_A(x) - v_A(x), \quad \forall x \in X \tag{2.3}$$

很明显，如果 $\pi_A(x)=0$，则直觉模糊集就退化成立 Zadeh 定义的模糊集，故模糊集是直觉模糊集的一个特例。

学者 Atanassov and Gargov 在对直接模糊集进一步研究的基础上，提出了区间直觉模糊集，区间模糊集即用区间数替代了直觉模糊集的隶属度和非隶属度。

对于隶属度函数确定的方法有下面几种[144]：

1. 模糊统计法

模糊统计法是确定隶属函数的主要方法，即在某种条件下，通过模糊统计实验来进行确定，实质是对人们主观想法的统计处理。通过对多数人进行统计调查，在一定的论域内对要确定的模糊概念逐一写出定量范围，最终通过统计处理确定被多数人认可的隶属函数。该论断已在国内外进行了大量的研究。该种方法随着统计数量的增多，各个元素的隶属度函数统计趋于稳定。

2. 例证法

例证法是在 1972 年由 Zadeh 学者提出来的，实质是借助有限个隶属函数 $\mu_A$ 的值来估算论域上隶属函数 $A$ 的模糊集合。例如论域 $U$ 是所有女士，$A$ 是"高个子的女士"，因此 $A$ 是论域 $U$ 上的模糊集合。为了确定隶属函数 $\mu_A$，先假设一个女士的身高，然后从几个语言中选出一句语言真值，从而确定该女士的高度是否为高个子的女士，假设语言真值分为"假的、大致假的、似真又似假、大致真的、真的"这几种语言，然后将这几种语言分别用数字"0、0.25、0.5、0.75、1"来表示，将多个不同高度作为样本进行比较，从而得到 $A$ 的隶属函数 $\mu_A$ 的离散表示法，将最终趋于一个稳定值。

3. 专家经验法

专家经验法是根据专家多年的实践经验来确定隶属函数的方法，即将专家的实践经验和一定的数学处理工具相结合来确定最终的隶属函数。例如，在奥运体育比赛中，运动员的分数就是通过裁判员多年来丰富的实践经验对其完成情况进行评分得出的结果。一般情况下，通常是经过初步确定隶属函数，相对较为粗略，再通过现场实践和学习相关知识来进行逐步修改和完善。

#### 2.3.2.2　直觉梯形模糊理论研究

2008 年，在直觉模糊数的基础上，王坚强学者提出了直觉梯形模糊数的概念，是对模糊数的扩展[145]。

**定义 2.3** 一个模糊数是实数集上的一个凸模糊子集。对于模糊数 $\tilde{a}$，它的隶属度函数可表示为[146]：

$$\mu_{\tilde{a}}(x)=\begin{cases} f_{\tilde{a}}^{L}, & a \leqslant x < b \\ \mu_{\tilde{a}}, & b \leqslant x \leqslant c \\ f_{\tilde{a}}^{R}(x), & c < x \leqslant d \\ 0, & \text{其他} \end{cases} \tag{2.4}$$

其中，$\mu_{\tilde{a}}$ 为一个常数，满足 $\mu_{\tilde{a}} \in [0,1]$，$a,b,c,d$ 为实数，满足 $a \leqslant b \leqslant c \leqslant d$。$f_{\tilde{a}}^{L}(x)$，$f_{\tilde{a}}^{R}(x)$ 分别为连续的单调增函数和连续的单调减函数，称为左基准函数和右基准函数，两者都是实数集到 $[0,\mu_{\tilde{a}}]$ 的映射。称 $\tilde{a}=((a,b,c,d);\ \mu_{\tilde{a}})$ 为模糊数。

当 $\mu_{\tilde{a}}=1$，则模糊数 $\tilde{a}$ 被称为标准模糊数，否则，称为非标准模糊数。

直觉模糊数的定义：

定义 2-3 设 $\tilde{a}$ 是实数集上一个直觉模糊数，那么它的隶属函数为和非隶属度函数定义如下[108]：

$$\mu_{\tilde{a}}(x)=\begin{cases} f_{\tilde{a}}^{L}(x), & a_1 \leqslant x < a_2 \\ \mu_{\tilde{a}}, & a_2 \leqslant x \leqslant a_3 \\ f_{\tilde{a}}^{R}(x), & a_3 < x \leqslant a_4 \\ 0, & \text{其他} \end{cases} \tag{2.5}$$

$$V_{\tilde{a}}(x)=\begin{cases} h_{\tilde{a}}^{L}, & b_1 \leqslant x < b_2 \\ v_{\tilde{a}}, & b_2 \leqslant x \leqslant b_3 \\ h_{\tilde{a}}^{R}(x), & b_3 < x \leqslant b_4 \\ 1, & \text{其他} \end{cases} \tag{2.6}$$

其中，$\mu_{\tilde{a}}(x) \in [0,1]$，$v_{\tilde{a}}(x) \in [0,1]$，$0 \leqslant \mu_{\tilde{a}}+v_{\tilde{a}} \leqslant 1$，$a_1,a_2,a_3,a_4,b_1,b_2,b_3,b_4 \in R$ 且 $b_1 \leqslant a_1 \leqslant b_2 \leqslant a_2 \leqslant a_3 \leqslant b_3 \leqslant a_4 \leqslant b_4$，四个函数 $f_{\tilde{a}}^{L}(x)$，$f_{\tilde{a}}^{R}(x)$，$h_{\tilde{a}}^{L}(x)$，$h_{\tilde{a}}^{R}(x)$：$R \to [0,1]$ 分别是隶属度函数和非隶属度函数的左侧基准函数和右侧基准函数。可见，相比模糊度，直觉模糊数增加了非隶属度函数。

直觉梯形模糊数定义如下：

**定义 2.4** 设 $\tilde{a}$ 是实数集上的一个直觉模糊数,其隶属函数为:

$$\mu_{\tilde{a}}(x)=\begin{cases}\dfrac{x-a}{b-a}\mu_{\tilde{a}}, & a\leqslant x<b\\ \mu_{\tilde{a}}, & b\leqslant x\leqslant c\\ \dfrac{d-x}{d-c}\mu_{\tilde{a}}, & c<x\leqslant d\\ 0, & \text{其他}\end{cases} \tag{2.7}$$

非隶属函数为:

$$V_{\tilde{a}}(x)=\begin{cases}\dfrac{b-x+v_{\tilde{a}}(x-a_1)}{b-a_1}, & a_1\leqslant x<b\\ v_{\tilde{a}}, & b\leqslant x\leqslant c\\ \dfrac{x-c+v_{\tilde{a}}(d_1-x)}{d_1-c}, & c<x\leqslant d_1\\ 0, & \text{其他}\end{cases} \tag{2.8}$$

其中:$0\leqslant\mu_{\tilde{a}}\leqslant 1, 0\leqslant v_{\tilde{a}}\leqslant 1, 0\leqslant\mu_{\tilde{a}}+v_{\tilde{a}}\leqslant 1$; $a,b,c,d,a_1,d_1\in R$,则称 $\tilde{a}=\langle([a,b,c,d];\ \mu_{\tilde{a}}),([a_1,b_1,c_1 d_1];\ v_{\tilde{a}})\rangle$ 为直觉梯形模糊数。

一般地,在直觉梯形模糊数 $\tilde{a}$ 中,有 $a=a_1, d=d_1$,在此记 $\tilde{a}=([a,b,c,d];\ \mu_{\tilde{a}};\ v_{\tilde{a}})$,本书均指模糊数。其中,$\pi_{\tilde{a}}(x)=1-\mu_{\tilde{a}}(x)-v_{\tilde{a}}(x)$ 表示的 $\tilde{a}$ 犹豫度函数,其值越小,代表模糊度越确定。

王坚强等对于直觉梯形模糊数定义的加法运算、数乘运算、幂运算和乘法运算,李喜华等又对其进行改进定义了更具一般性的运算法则[147]。

**定义 2.5**[147] 设 $\tilde{a}=([a_1,b_1,c_1,d_1];\ \mu_{\tilde{a}};\ v_{\tilde{a}})$ 和 $\tilde{b}=([a_2,b_2,c_2,d_2];\ \mu_{\tilde{b}};\ v_{\tilde{b}})$ 为两个直觉梯形模糊数,则定义:

(1) $\tilde{a}+\tilde{b}=([a_1+a_2,b_1+b_2,c_1+c_2,d_1+d_2];\ \mu_{\tilde{a}}+\mu_{\tilde{b}}-\mu_{\tilde{a}}\mu_{\tilde{b}},v_{\tilde{a}}v_{\tilde{b}})$ (2.9)

(2) $\tilde{a}\cdot\tilde{b}=([a_1 a_2,b_1 b_2,c_1 c_2,d_1 d_2];\ \mu_{\tilde{a}}\mu_{\tilde{b}},v_{\tilde{a}}+v_{\tilde{b}}-v_{\tilde{a}}v_{\tilde{b}})$ (2.10)

(3) $\lambda\tilde{a}=([\lambda a_1,\lambda b_1,\lambda c_1,\lambda d_1];\ 1-(1-\mu_{\tilde{a}}^{\lambda}),v_{\tilde{a}}^{\lambda}),\lambda\geqslant 0$ (2.11)

(4) $\tilde{a}^{\lambda}=([a_1^{\lambda},b_1^{\lambda},c_1^{\lambda},d_1^{\lambda}];\ \mu_{\tilde{a}}^{\lambda},1-(1-v_{\tilde{a}}^{\lambda})),\lambda\geqslant 0$ (2.12)

**定义 2.6** 设 $\tilde{a}=([a_1,b_1,c_1,d_1];\ \mu_{\tilde{a}};\ v_{\tilde{a}})$ 和 $\tilde{b}=([a_2,b_2,c_2,d_2];$

$\mu_{\tilde{b}}$；$v_{\tilde{b}}$)为两个直觉梯形模糊数，若 $\tilde{a}>0,\tilde{b}>0$，则定义：

$$(1)\ \frac{1}{\tilde{a}}=\left(\left[\frac{1}{d_1},\frac{1}{c_1},\frac{1}{b_1},\frac{1}{a_1}\right];\ \mu_{\tilde{a}};\ v_{\tilde{a}}\right) \tag{2.13}$$

$$(2)\ \frac{\tilde{a}}{\tilde{b}}=\left(\left[\frac{a_1}{d_2},\frac{b_1}{c_2},\frac{c_1}{b_2},\frac{d_1}{a_2}\right];\ \mu_{\tilde{a}}\mu_{\tilde{b}},v_{\tilde{a}}+v_{\tilde{b}}-v_{\tilde{a}}v_{\tilde{b}}\right) \tag{2.14}$$

$$(3)\ \frac{\lambda}{\tilde{a}}=\left(\left[\frac{\lambda}{d_1},\frac{\lambda}{c_1},\frac{\lambda}{b_1},\frac{\lambda}{a_1}\right];\ 1-(1-\mu_{\tilde{a}})^{\lambda},v_{\tilde{a}}^{\lambda}\right),\lambda\geqslant 0 \tag{2.15}$$

$$(4)\ \frac{1}{\tilde{a}^{\lambda}}=\left(\left[\frac{1}{d_1^{\lambda}},\frac{1}{c_1^{\lambda}},\frac{1}{b_1^{\lambda}},\frac{1}{a_1^{\lambda}}\right];\ \mu_{\tilde{a}}^{\lambda},1-(1-v_{\tilde{a}})^{\lambda}\right),\lambda\geqslant 0 \tag{2.16}$$

## 2.4 奖惩与激励理论研究

成本责任奖惩是成本责任管理的有效手段，也是成本责任管理的目的，激励机制是奖惩机制的重要补充，通过有效地奖惩与激励，提高员工工作的积极性，提高成本责任管控效率，引导员工朝着企业管理目标努力。

### 2.4.1 奖惩理论研究

奖惩是企业在生产过程中，管理者按照员工的工作效果给予一定的奖励或者惩罚，管理者按劳分配或奖罚分明的原则进行分配，并且与员工的责权挂钩。奖惩制度从心理角度上看，就是通过正向、逆向的刺激来规范引导员工的行为，提高员工的工作效率。正向刺激即管理者用奖励机制对员工行为鼓励强化；逆向刺激即管理者用惩罚机制对员工进行约束，二者相辅相成，来促使企业又好又快地向前发展。

奖惩的目的是通过奖励或者惩罚手段鼓励或者约束规范员工的行为，来达到企业效益最大化的目的。一般情况下，企业设计一套行之有效且科学合理的奖惩体系并非易事，如果制定的奖惩机制不合理、存在漏洞、员工不认可等情况，会导致员工的工作热情大大降低，延迟工作进度，降低企业工作效率。一般奖惩机制具备一定的针对性、透明性、稳定性的特点。

1. 奖惩机制要具备针对性

首先，企业应事先制定奖惩的范围、方法，让员工清楚应该做什么事情、不应该做什么事情，为企业员工提供一个约束自己行为的依据；其次，奖惩机制要视情况而定、根据不同的问题设计不同的奖惩机制，具有针对性，制定指代明确的奖惩标准。

2. 奖惩机制要具备透明化

事先在企业制定执行奖惩机制的依据，使其透明化。一方面可以使管理者对员工的奖罚有个明确执行标准；另一方面能够让员工针对公开的标准以及别人的行为调整自己的目标，让其充分感受到奖惩机制是针对企业所有的员工，促使奖惩机制在企业管理中发挥更重要的作用，提高企业的管理能力。

3. 奖惩机制要具备稳定性

首先，奖惩机制不能只是一个口头说明，会降低其应有的激励作用，其制定要做到明确、具体，以文件的形式下发给每位员工，从而促使奖惩机制运行的稳定性；其次，奖惩机制不能随意修改，其修改必须得到公司大多数人同意，并且下发、告知到公司每一位员工；最后，奖惩机制的实施必须落实到具体责任人，真正做到有人可寻。

奖惩机制应用的不得当会产生一定的负效应，余文钊针对奖惩机制的负效应做了如下分析，如图2-4所示：

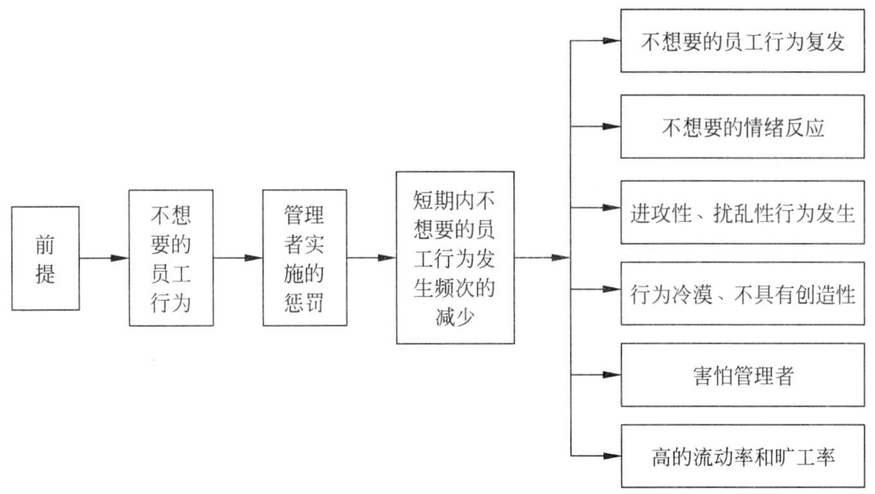


**图2-4　惩罚潜在负效应示意图**

奖惩机制包括奖励机制和惩罚机制两方面的内容，与激励机制既有一定的联系又存在一定的区别。

联系主要有：首先，二者在内部构成上具有一致性，奖励鞭策、批评教育都是对员工的行为给予一定的激励或者惩罚；其次，二者的适用范围具有普遍性，可以更加广泛地适用于任何群体、组织或者个人；最后，二者的作用目标具有同一性，无论二者采用何种机制、方法，其目标都是促使企业对员工产生激励作用，从而提高企业效率。区别主要有：首先，二者在时间的执行上不同，奖惩机制一般在考核期末进行奖励，具有明显的规定性；激励机制更加灵活，在时间激励上具有不确定性；其次，二者的侧重点不同，奖惩机制侧重点主要通过考核，激励机制侧重于针对具体情况，通过观察、分析等来采取具体行动进行激励。最后，二者在效应程度上不同，奖惩机制效应程度较深，具有阶段性、整体性的效果，激励机制效应程度相对较浅，具有连续性的效果。因此，奖惩和激励机制是相互统一的，奖惩是激励的有效手段，激励是奖惩的最终目的。

### 2.4.2 激励理论研究

激励在心理学角度，是指持续激发人的动机，激发引导个体产生明确目标的心理动力。在企业管理中，激励是通过运用各种有效的方法激发员工的工作热情，调动员工的积极性，使其努力完成管理者交代的工作，实现管理者对员工的既定目标。美国哈佛大学教授威廉·詹姆士学者通过长时间的研究发现，在缺乏科学有效的激励下，人的能力只能发挥出 20%～30%，而科学有效的激励机制能够让员工将另外 70%～80%的潜力发挥出来[45]。

在经济学中，现代激励理论的发展研究是同现代企业理论联系起来的，企业理论是使得经济假设更具有现实性，从而突破新古典主义经济学理论。20 世纪 70 年代，在威廉姆森、哈特等学者的不断努力下，1937 年科斯发表的《企业的性质》才被大多数学者所接受，现代企业理论开始迅速发展。20 世纪末 21 世纪初以来，属于现代经济学中信息经济学领域的激励理论实现了快速发展。莫里斯、维克里、斯彭斯、斯蒂格里茨、阿克劳夫、诺贝尔经济学奖获得者纳什、施蒂格勒等博弈论专家对激励理论的研究发展都做出了巨大贡献[45]。截至目前，经济学激励理论分为劳动市场供求理论、契约经济学理论、委托代理理论、产权理论、人力资本理论五个方向。经济型激励分类情况见表 2-3 所示。

表 2-3 经济型激励分类情况表[148-149]

| 分 类 | 特 征 |
|---|---|
| 劳动市场供求理论 | 劳动即商品，雇主按着劳动力的市场价格支付工资换取劳动 |
| 契约经济学理论 | 企业的本质就是契约，管理者需要设计一份完全的、可执行的并且具有激励效果的契约 |
| 委托代理理论 | 由于委托人和代理人存在信息的不对称，因此可能产生机会主义行为，需要设计一个激励机制使得代理人说真话，解决事前的机会主义行为即逆向选择问题，需要一个激励机制使得代理人主动承担风险解决事后的机会主义行为，即道德风险问题 |
| 产权理论 | 认为产权分配具有非常重要的激励作用 |
| 人力资本理论 | 员工的人力资本，如所具有的知识、技能、体力等非常重要，人力资本激励的主要内容就是合理的对这些员工所具有的人力资本进行定价 |

经济学上的激励理论，将人视为“理性人”，即具有追求利益最大化的动机，强调激励机制的设计，由于经济学流派的激励理论强调人的共性，心里学派的理论强调人的个体差异，因此在设计激励机制时，需要以经济学激励理论为基础，在对个人进行激励时需要以心理学流派的激励理论为基础。

管理学上的激励理论源自于心理学、组织行为学和认知学激励理论发展，是从需要、动机和目的出发，来研究如何激发员工的行为。管理学上按着侧重点不同可以把管理激励理论划分为：行为激励理论、综合激励理论、内容型激励理论、过程型激励理论和发展型激励理论。

行为激励理论的研究重点为，研究如何改造和修正人的消极行为使之变为积极行为[150-151]；综合型激励理论强调内在刺激和外在刺激相结合，研究的重点为更全面的分析人的行为[152]；内容型激励理论研究的重点为影响行为变化的变量性质和激励因素的实际内容，但是常常忽略变量之间的相互作用[153]；过程型激励理论研究的重点在于人们选择某一特定行为的心理过程和行为过程的作用。发展型激励理论研究的重点在于员工的自我观念、能力与员工的发展匹配情况对员工工作动机的影响和作用[154]。各种类型的激励理论分类如图 2-5 所示：

## 2.4.3 奖惩激励机制研究

国内外学者从不同方面对奖罚激励机制做了大量研究，提出了一些值得探索的奖惩激励思想[155]。P. Yahya 等研究了供应链之间协调问题，建立了新的

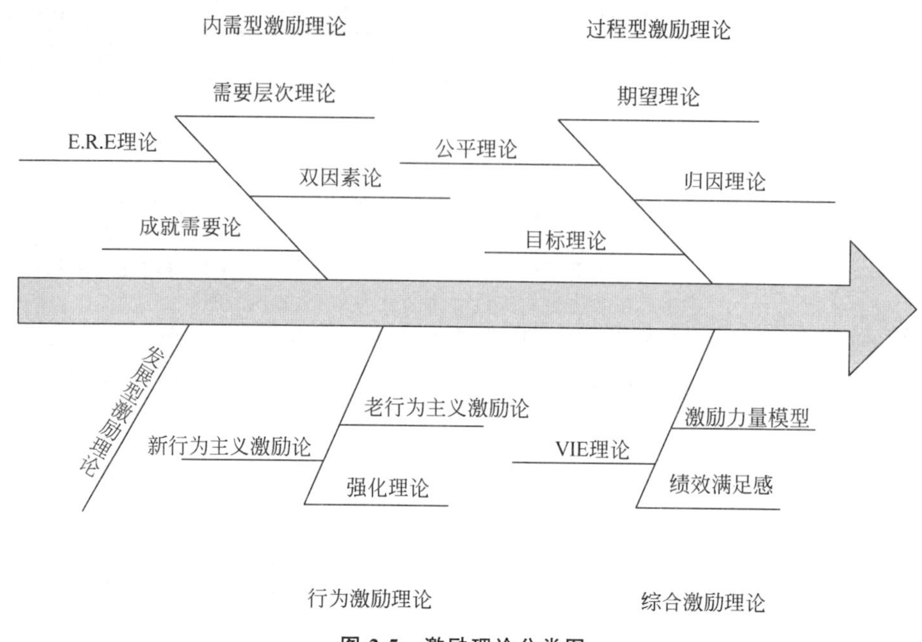


图 2-5 激励理论分类图

基于信任的供应链层次间的奖惩协调机制，并针对这个机制建立了优化模型[156]。在供应链的奖惩问题上 Atasu 等建立并比较了政府对制造商实施完全惩罚和设定目标回收率这两种机制，证明了从不同的利益相关者的视角对两者机制的选择不同[157]。Y. Zhe 等针对高服务水平的合作，研究了零售商如何对制造商提供激励措施的问题[158]。易余胤通过构建奖惩机制研究了由制造商、零售商、回收商组成的闭环供应链的协调，并且研究了奖惩的力度问题[159]。王文宾等人从政府角度出发，研究了逆向供应链的奖惩机制如何建立的问题，利用博弈理论探讨了有无奖惩机制时的供应链效益问题和供应链的回收情况[160]。王文宾等设计了政府的奖惩机制，建立了 7 种情形的决策模型，研究了 5 种情形下激励机制对于引导回收商提高回收量的有效性[161]。

在分类奖惩方面也做了相应研究，P. J. Agrell 等针对不同的经济网络监管措施建立了动态激励模型[162]，王健等人在信息非对称条件下，以心理契约的不同类型为基础设计了针对基金经理人的不同激励模型[163]。丁乐群等对项目进度管理中的奖惩机制建立了数学模型，从承包商和业主两方面分析研究奖惩机制的决定因素，并对其进行了优化分析，提出了资源制约强度，浮动资金使用强度两个新概念[164]。冯震提出应按照系统性和层次性，结合全面性和可操作性，采取积极的措施完善煤炭企业激励机制，制定可以真正激发干劲的薪酬体系和灵活多样的福利制度，塑造良好的企业文化氛围，并且重视授权的激励作用，完善企业管理人员精神激励机制，建立健全组织机构中的激励与约束机制[165]。

在责任奖惩方面，R. Cherrington 等研究了生产者对于复合风力涡轮叶片回收的责任激励[166]。陈婷等对食品行业责任激励进行了研究，对现实食品行业销售链进行简化后建立了安全责任激励模型，并分析了主题的努力程度与安全的关系[167]。吴怡等以生产者责任延伸为背景，在梳理了激励因素后，建立了奖惩机制模型[168]。马波对环境法领域的责任激励机制设置问题进行了研究，使得政府积极履行环境保护职责，并且完善了责任机制的运作，强化了政府部门环境保护职责[169]。陆玉梅等研究了企业员工责任投入的大小对企业激励绩效的影响，研究表明，企业员工责任投入能够提高个人的单位激励绩效，但是不能提高团队的单位绩效[170]。

通过以上的综述，我们可以看出，国外尤其是美国在奖惩与激励理论方面的研究已经具备了系统性，经过国内外几十年研究与应用，形成了较为完善的理论框架，在社会经济领域广泛应用。相对而言，中国的奖惩与激励理论方面的研究才刚刚开始，主要是对奖惩与激励机制的构建或存在问题的研究，各成一家，没有进行很好的理论总结和系统化，国内的关于奖惩与激励理论的研究主要是探讨机制的建立，很多奖惩方式的设计都显得有些不切实际、有些空洞[171]。

## 2.5 本章小结

本章通过对相关领域的文献进行调研，总结出当前的研究存在的不足以及未来发展的方向。首先对成本管理与可视化管理相关文献展开调研，得出了可视化成本管理是未来成本管理的发展方向，责任的量化是可视化成本管理的一个阻碍的结论，接着对研究成本责任量化的理论方法进行了调研，即博弈论相关理论和直觉模糊相关理论，得出博弈论的理论方法和直觉梯形模糊数的方法可以解决责任的量化问题，最后对奖惩机制展开文献调研，分析了当前奖惩机制研究存在的不足。

# 第3章 面向可视化的煤炭企业成本责任管理体系

面向可视化的煤炭企业成本责任与传统的成本管理不同，它以 LUBA 成本管理结构为基础，能够还原成本发生的时空属性，增强成本责任管理的事中控制，实现可视化成本管理。本章在 LUBA 成本管控模型的基础上，首先分析了成本责任管理的内涵与特点，提出责任管理主体并对其进行责任划分，然后提出成本责任相关矩阵与责任相关系数，阐述了成本责任的作用机理并由此提出成本责任管理的三个关键问题。

## 3.1 面向可视化的煤炭企业成本责任管理体系基础

本节首先对 LUBA 成本管理模型的基本原理进行了分析探讨，构建了煤炭企业 LUBA 成本管理模型，并说明了 LUBA 模型层级的确定问题，然后分析了基于 LUBA 的煤炭企业成本责任管理的成本组成与成本的影响因素，为接下来的成本责任分析打下基础。

### 3.1.1 煤炭企业 LUBA 管理模型构建

#### 3.1.1.1 LUBA 成本管理模型的基本概念

LUBA 模型的设计理念与传统的财务成本管理不同，其重点在于使管理者抓住机会实现对成本的动态监管与过程控制，设计原理是以作业成本法为基础，依据成本发生的流程和业务范围，将企业的成本信息以一定的层次结构进行有效的组织。

依据煤炭生产经营过程中成本所发生的时空属性将成本划分为独立的区成

本(Area),在区成本的基础上按着工艺流程或职能特点继续细化为块成本(Block),在块的基础上按工序或工作内容通过进一步细化可以划分为单元成本(Unit),将辅助生产环节和使不同的区块单元受益但又不易单独划分为区块单元的其他项目定义为线成本(Line)。各区、块、单元之间通过共享的线成本进行连接。线、单元、块、区的首字母连起来即 LUBA,因此称为 LUBA 模型、"露靶"模型或 LUBA 结构[172]。在实际应用中根据需要选择具体划分到哪个层次,其结构示意如图 3-1 所示。

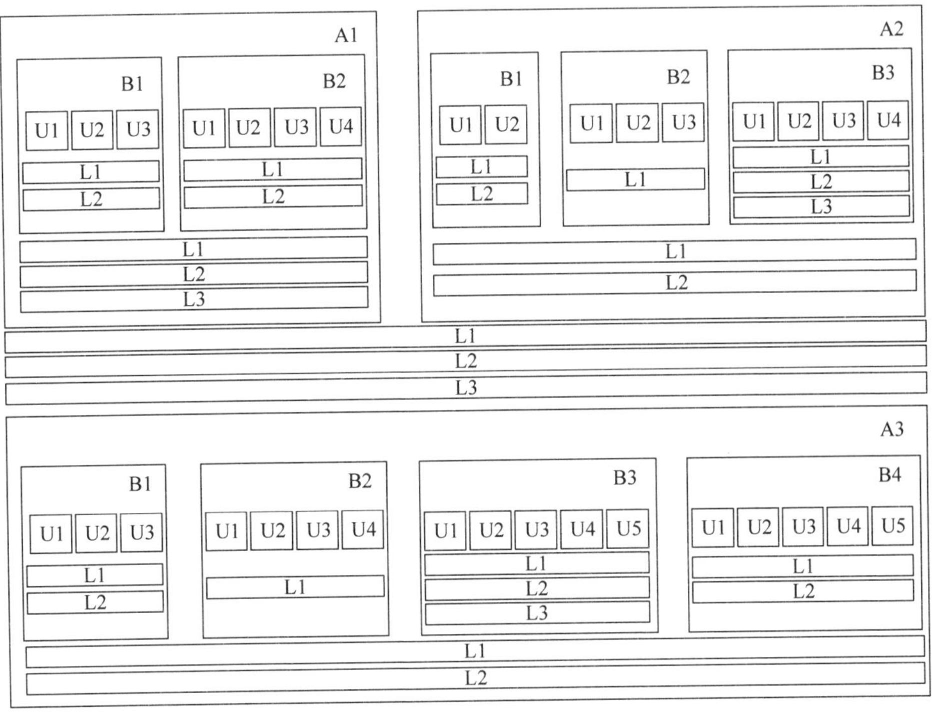


**图 3-1　LUBA 结构示意图**

此 LUBA 结构将成本划分为三项区成本与需要在三项区成本中分摊的三项线成本,分别记为 $A_1$,$A_2$,$A_3$,$L_1$,$L_2$,$L_3$。在区成本的基础上,三项区成本又分别细分为相应的块成本与块线成本,如 $A_1$ 区成本划分为 $B_1$,$B_2$ 两个块成本以及 $L_1$,$L_2$,$L_3$ 三项块线成本,各个区成本中的块成本又继续划分为相应的单元成本与单元线成本,如 $A_1$ 区 $B_1$ 块划分为 $U_1$,$U_2$,$U_3$ 三项单元成本,与 $L_1$,

$L_2$ 两项需要在单元成本上分摊的单元线成本。

LUBA 成本管理模型将成本的发生以 LUBA 的层次结构展现出来，还原了成本发生的时间、空间、责任等属性，突出成本发生的内在逻辑关系，是实现可视化成本管理的重要基础。

#### 3.1.1.2 基于 LUBA 的成本核算方法

将企业成本划分层次后，对每一层次的成本进行归集。每一层成本都涉及相应线成本的分摊。其中线成本主要包括折旧费用、电力成本、专项费用等不宜直接归集到某一层次上的项目。以上面的层次结构划分为例，则基于 LUBA 理论的核算方法如下：假设 $A_1$ 区 $B_1$ 块的 $U_1$ 单元的单元成本记为：$C_i^{U_1}$（$i$ 为指标标号），其中所包含 $k$ 个成本项目，并且 $U_1$ 单元所在的块中包含两项单元线成本，分别设为 $C_1^{L^{U_1}}$ 和 $C_2^{L^{U_1}}$，且其分摊到 $U_1$ 单元的分摊因子分别为 $x_1^{L^{U_1}}$ 和 $x_2^{L^{U_1}}$，单元 $U_1$ 的成本费用记为 $C_{U_1}$ 则

$$C_{U_1} = \sum_{i=1}^{k} C_i^{U_1} + x_1^{L^{U_1}} C_1^{L^{U_1}} + x_2^{L^{U_1}} C_2^{L^{U_1}} \tag{3.1}$$

同理 $B_1$ 块的 $U_2$，$U_3$ 单元成本分别为 $C_{U_2}$，$C_{U_3}$，并且 $B_1$ 块所在区中包含 3 项块线成本，分别设为 $C_1^{L^{B_1}}$，$C_2^{L^{B_1}}$，$C_3^{L^{B_1}}$，且其分摊到块的分摊因子分别为 $x_1^{L^{B_1}}$，$x_2^{L^{B_1}}$，$x_3^{L^{B_1}}$，则 $B_1$ 块的块成本为

$$C_{B_1} = C_{U_1} + C_{U_2} + C_{U_3} + x_1^{L^{B_1}} C_1^{L^{B_1}} + x_2^{L^{B_1}} C_2^{L^{B_1}} + x_3^{L^{B_1}} C_3^{L^{B_1}} \tag{3.2}$$

同样 $A_1$ 区的 $B_2$ 块成本记为 $C_{B_2}$，并且 $A_1$ 区包含 3 项区线成本，分别设为 $C_1^{L^{A_1}}$，$C_2^{L^{A_1}}$，$C_3^{L^{A_1}}$，且其分摊到块的分摊因子分别为 $x_1^{L^{A_1}}$，$x_2^{L^{A_1}}$，$x_3^{L^{A_1}}$，则 $A_1$ 块的块成本为

$$C_{A_1} = C_{B_1} + C_{B_2} + x_1^{L^{A_1}} C_1^{L^{A_1}} + x_2^{L^{A_1}} C_2^{L^{A_1}} + x_3^{L^{A_1}} C_3^{L^{A_1}} \tag{3.3}$$

设 $A_2$，$A_3$ 区成本分别为 $C_{A_2}$，$C_{A_3}$，则该企业的总成本为 $C = C_{A_1} + C_{A_2} + C_{A_3}$，LUBA 成本核算体系从管理者角度出发，能够使管理者及时清晰地掌握成本信息动态。借助现代信息技术，依据上述原则，对每一个层次的成本进行归集后就可以开展成本质量确定等一系列工作[173]。

#### 3.1.1.3　煤炭企业 LUBA 成本管理模型构建

大部分煤炭企业属于地下开采行业，主要业务是进行煤炭的生产，其他的各个业务也都是围绕着煤炭生产而进行，而煤炭的生产首先要经过地下开采与地面加工，煤炭企业的成本也就发生在这些与煤炭的生产与经营管理相关的过程中，因此，我们将煤炭企业所发生的全部成本按着时空属性划分为三个区成本，分别为井下生产区成本、井上生产区成本、职能管理区成本。把需要这三个区成本共同摊销的电费与折旧归为区线成本。

井下生产是煤炭企业生产经营的主要环节，而煤炭企业的成本也基本发生在这个区内，井下生产的工艺流程为先进行巷道的掘进，再进行煤炭的开采，在巷道的掘进与开采的过程中伴随着大型机电设备的维护，煤炭的运输，巷道、工作面的通风与井下的辅助工作，其中，机电的维护、运输、通风是伴随着生产作业进行的，因此将井下生产区成本划分为掘进、回采、机电维护、运输、通风、辅助六块成本。将需要这六个块成本摊销的电费、折旧、专项费用归为块线成本。井下生产中最主要的工作是煤炭开采，煤炭开采的作业流程为采煤机进行割煤与装煤—移架—推前溜—放煤—拉后溜—清煤—外移转载机—回撤支护单体柱。按照作业流程与实际成本归集的现实性，将井下回采块成本归纳划分为采煤机割煤、清煤、运煤、液压支架支护、采空区处理五个单元成本与一项折旧单元线成本。

与生产相关的地面作业主要是围绕煤炭的加工、销售进行，因此将井上生产区成本划分为洗选加工、煤质检测、销售、材料供应、基建五项块成本。将保障煤炭企业的正常生产与经营管理工作所产生的成本归为职能管理区成本，按照工作性质将职能区成本分为经营管理、党政、后勤三项块成本，其他详细划分如图 3-2 所示。

### 3.1.2　LUBA 成本管理模型层级的确定

在具体应用 LUBA 模型进行成本管控时，可以根据企业的需要确定成本的划分层级，不一定都要划分到单元层次，也不一定每个区成本都有相同层级的划分。对于模型划分的层次越多，企业成本管理就越精细，然而精细化管理的内涵表明，并不是越细化越好，其精细化水平应遵循边际原理。

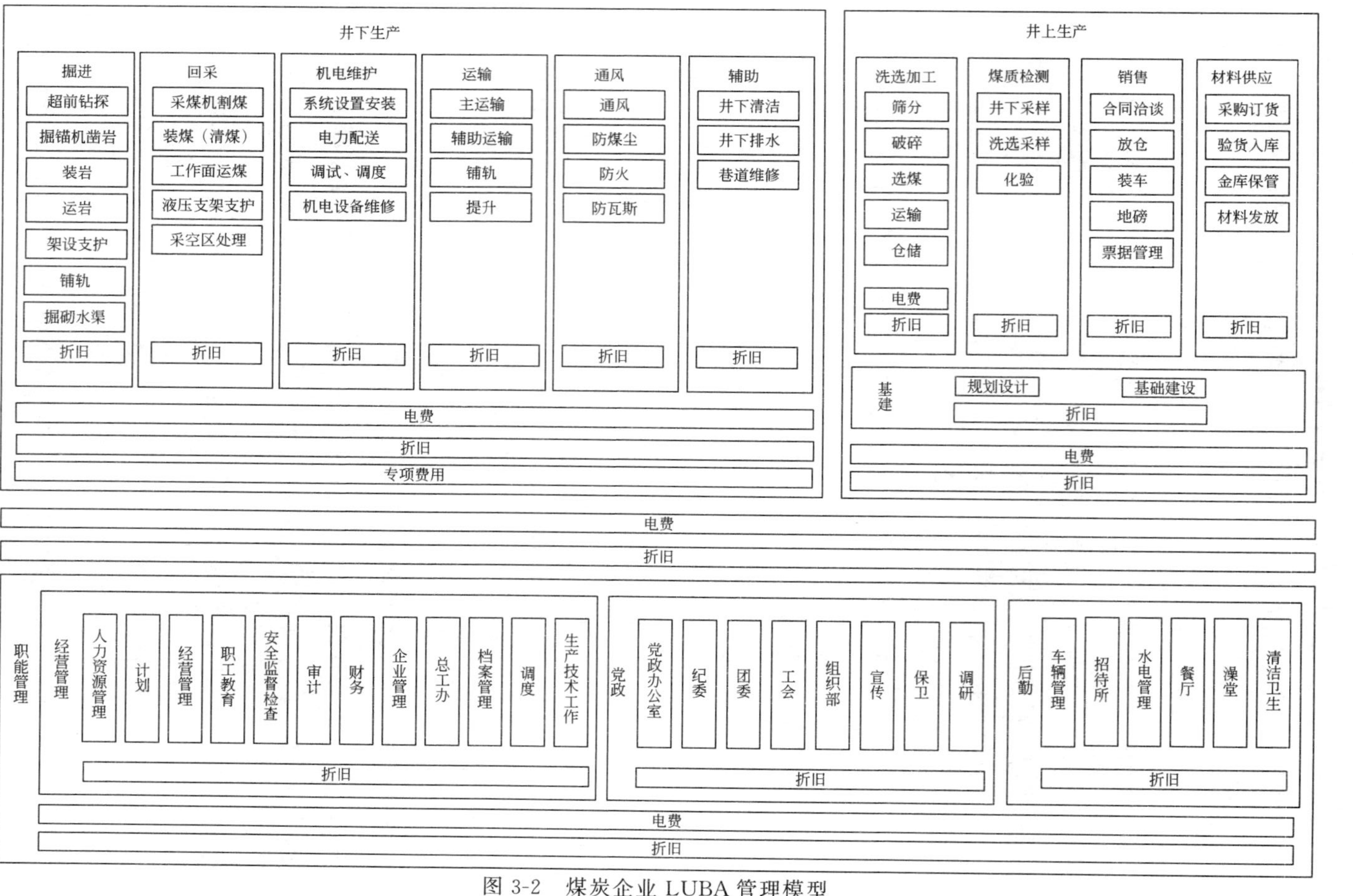


图 3-2 煤炭企业 LUBA 管理模型

假定其他技术、组织、市场环境不变的情况下，适当增加成本管理层级的划分，能够使得管理人员更好地控制每一个环节所发生的成本，从而使得煤炭企业的成本降低，从而获得更多的收益。随着层次划分的增加，效益增速不断增加，边际效益递增；当划分层次继续加大时，精细化管理程度进一步提高，这时获得每一个边际效益的成本逐渐增加，从而导致效益增速放缓，边际效益开始递减；当划分层次继续加大，这时总效益增速开始逐渐减小，甚至转为下降，边际效益为零，这时精细化管理总效益最大[174-175]。

在 LUBA 成本管理模型划分时应遵循下面的几个原则：

1. 底线原则

LUBA 成本管控模型的划分在满足精细化管理要求的同时，并不是划分层级越多，管理越精细越好。针对某一煤炭企业，LUBA 成本管理模型具体划分到哪一层级必须要有一定的底线，即划分到什么程度就不需要再继续划分。如在某一煤炭企业，如果对回采块成本的割煤单元成本继续划分，虽然由于信息技术的作用，解决了很多诸如数据收集等现实问题，但是对于煤炭企业来说，割煤环节已经是采煤作业里最小的基本作业，可以利用采煤机一次性完成，因此没有必要再对其进行划分，对其继续划分会降低成本管理的效率。

2. 交点原则

在对 LUBA 成本管理模型进行划分时，要注意层级与层级之间以及层级内部管理单元之间的交点。当划分的层次越多，企业内部各工序的上下游作业、各管理部门的各个环节的交点就会增加，在进行 LUBA 管理模型的划分时，应充分重视这些交点，通过对一些作业的整合避免出现管理的盲点。

3. 操作性原则

在对 LUBA 成本管理模型进行划分时，必须要保证所建立的成本管理模型具有可操作性，要保证每一个层次中每一个管理单元的成本能够进行归集与分配，并且具有明确的责任相关主体，以便更好地进行成本核算、成本考核、成本责任的追溯与成本奖惩，避免为了精细化而精细化。

### 3.1.3　煤炭企业成本的组成

从煤炭企业生命周期来分析，煤炭企业的成本组成包括煤炭的开发成本、煤炭资源成本、煤炭生产成本、煤炭安全成本、环境治理成本、产业连续成本、价格调节成本。

煤炭企业开发成本主要指用于地址的勘探、矿区的设计、矿井的建设等与煤炭资源开发相关的费用；煤炭资源成本主要包括资源税、资源补偿费、采矿权价款、采矿权使用费、探矿权价款、探矿权使用费等；煤炭企业生产成本主要是煤炭企业在一定时期内，从事矿井生产过程所产生的各项费用，包括材料成本、外购燃料动力、职工报酬、固定资产折旧、维简费、修理费和更新改造支出、研发支出等；安全成本主要是为加强煤炭企业安全生产所提取的费用，主要用于安全工程的建设、安全事故的预防和安全损失的避免等内容；环境成本是指在煤炭企业生产经营过程中对环境进预防、保护、生态恢复、矸石处理等所发生的费用；产业连续成本是指矿井关闭职工安置费、转产费用等；价格调节成本是指国家征收的价格调节基金等[176]。

从煤炭企业生产经营与现行的核算体系角度来看，煤炭企业现行的核算体系运用的成本核算项目是由能源部在 1991 年制定的，核算范围包括从矿井基本建设完成后至资源枯竭报废前的正常生产经营活动产生的实际支出。煤炭企业所发生的成本可分为生产成本、制造费用和期间费用，具体内容包括：(1)煤炭生产过程中所消耗的各种材料、人员工资、电力、职工的职工福利和保险费用、固定资产折旧等；(2)选煤过程中发生的各项费用；(3)销售过程中产生的煤炭销售费用；(4)企业融资过程中产生的财务费用；(5)其他管理费用等。

根据成本的构成因素，可以将煤炭企业所发生的成本分为可控成本与不可控成本，可控成本是指如生产过程中的材料消耗成本、人力成本、电力等在特定的时期，特定的地点，可以掌握其发生情况并且通过合理的管理活动能够进行有效控制的成本，不可控成本是指诸如提取的维简费、安全费、地面塌陷补偿费等成本，都归为不可控成本。成本管理在实质上是借助合理、有效的管理方法和措施来降低可控成本，可控成本与不可控成本是相对的。

本书只考虑生产经营过程中的成本，从管理会计出发，参考煤炭企业具体管理实际与产品成本核算法，将煤炭企业依据 LUBA 成本管理模型所要管理的成本费用项目列出，如表 3-1 所示。

这里之所以对折旧费用进行管理是由于固定成本在煤炭企业成本中所占的

比重非常大，利用 LUBA 成本管理模型对折旧进行管理，能够使得管理者实时、动态地掌握大型设备等固定资产在特定时间与空间上的应用情况，提高固定工时下，机器设备的利用效率，因此需要对煤炭企业的折旧进行管理。

**表 3-1　煤炭企业成本项目管理表**

<table>
<tr><th>名　称</th><th>二级明细</th><th>三级明细</th></tr>
<tr><td rowspan="3">生产成本</td><td>材料</td><td>木材<br>支护用品<br>火工用品<br>配件<br>专用工具<br>油脂及乳化液<br>大型材料<br>建工材料<br>其他材料</td></tr>
<tr><td>职工薪酬</td><td>工资<br>职工福利<br>劳务费<br>养老保险<br>失业保险<br>工伤保险<br>医疗保险<br>生育保险<br>住房公积金<br>其他</td></tr>
<tr><td>电力<br>折旧费<br>制造费用结转<br>其他</td><td></td></tr>
<tr><td>制造费用</td><td>材料及低值易耗品<br>电力<br>职工薪酬<br>折旧<br>其他</td><td></td></tr>
<tr><td>期间费用</td><td>管理费用<br>销售费用<br>财务费用</td><td></td></tr>
</table>

### 3.1.4 煤炭企业成本影响因素分析

煤炭生产过程是指通过一系列的步骤来开采地下的煤炭资源，并通过运输、提升等工序将开采出来的煤炭资源运送到地面的生产全过程。煤矿企业在生产过程中产生的主要成本出现在主要生产环节和辅助生产环节中，主要生产环节包括：开拓、掘进、回采、运输、提升；辅助生产环节包括：通风、供电、排水、材料、人员和设备运输、巷道及设备维修等。在生产过程中影响煤炭企业成本的主要影响因素有管理因素与非管理因素，非管理因素相对比较客观，不受人为因素控制，因此做好煤炭企业成本管理的关键是做好这些影响成本的管理因素控制。

#### 3.1.4.1 非管理因素

1. 自然环境方面

由于煤炭行业的特殊性质，煤炭资源的开采成本受自然条件的影响非常大，贮存条件、储量、煤层埋藏的深浅、煤层的厚度、倾角的大小、顶底板的好坏、水文类型、温度、地质构造的复杂程度等都会影响煤炭的开采方式和支护形式，从而对材料配件的使用、劳动力的调配产生很大影响，最终影响煤炭企业的生产成本。此外，随着开采年限的增加，开采深度也越来越深，使得巷道维修、通风、排水等工作量相对变大，也会导致成本费用的升高。同时矿井的生产规模不同会对其配套的设施、作业量的大小产生影响，也会影响相应的成本。

2. 社会环境方面

煤炭企业是社会经济系统中的一个子系统，因此社会经济系统的变化会对煤炭企业的成本产生影响。材料配件、机械设备、人力资源、水电费用、外购产品等的市场价格变动情况都会直接对煤炭企业的成本产生影响。行业政策与税费的调整、同行业的竞争、行业技术的进步、物流运输的变化也会对煤炭企业成本产生影响。

#### 3.1.4.2 管理因素

1. 所采用的技术

技术人员的技术水平与所采用的采煤工艺、巷道的布置、支护方式、生产的集中化水平有着密不可分的关系。合理的巷道布置、较高的生产集中化水平与支护方式的正确选择能够有效地降低成本。矿井的机械化、信息化、智慧化水平对成本的影响有两个方面,一方面会提高生产效率,降低成本;另一方面会增加设备的维修和系统的维护成本。

2. 管理水平

管理者的管理水平和管理方式会对煤炭企业的成本产生很大影响。管理者水平越高,非效率情况越少,单位成本越低,如管理者对资源配置的协调水平越高,采、掘环节的衔接越协调,不必要的损失越少,相应成本会越少。同样管理者的管理方式越合理,员工相应的积极性越高,努力程度越大,必然会使得成本降低。

## 3.2 成本责任管理的内涵分析

### 3.2.1 成本责任管理的内涵

责任(responsibility)的词根是拉丁文"respoadere",意味着允许一件事作为另一件事的回答或回应。在我国《汉语大辞典》中,责任一词有三种不同的含义:一是指某人应该负担起的某种职务和承担的某项职责;二是指属于某人分内应做的事情;三是指分内应做的事未做好,某人应该承担的过失[177]。

成本责任是指在生产经营过程中,责任者对于按照管理权限和管理范围所承担的成本管理职责。由于企业成本控制涉及面较广,必须在不同部门协同下对整个生产过程中产生成本的每一个环节进行控制,因此,产生了企业成本责任问题。

成本责任的管理必须以成本责任中心的确定为前提,责任中心的责任成本由该责任中心发生的所有可控成本之和构成。在煤炭企业成本控制中,责任成本是由所有责任中心发生的可控成本之和构成,对所有责任成本的管理构成了煤炭企业的成本责任。

在责任成本管理体系中,责任中心是作为成本费用归集对象的一个单位,不仅具有相对独立的权利,还承担一定的经济责任,并可以完成某项生产、经营任务，责任中心是组织的一个部分、分布，或子单元，它的责任管理者负责一系列特定的经营活动。管理者级别越高，他的责任中心就越大，成本责任中心的管理者只对成本负责[178]。在本书中，由于每一个 LUBA 结构的单元、块、区都可以看成一个责任中心，那么成本的责任管理也就是对各个单元、块、区成本控制职责的管理。

成本和责任既是一个有机的统一体，又有主次之分。在有机统一体中：二者相互包含，成本是责任中心范围内的成本，责任是成本范围内的责任；主次之分是指：责任主体是主，成本是次，在成本管理中，只有明确责任主体、责任范围、责任大小后，才能得到有效的成本管理。因此，明确责任主体、划分责任范围与职责、确定责任大小是企业进行成本责任管理的关键所在。

在成本责任中心内部发生的成本与责任是相互关联的，责任中心的收益情况是明确并且可以进行计量的。并且在成本责任中心内部，可控成本与不可控成本是相对而言的，在这个单元、块、区上的不可控成本，可能是另一个单元、块、区可控成本，下一成本结构层次的不可控成本，则往往是上一成本控制层次的可控成本，这种管理方式的不可控成本则可能是另一种管理方式的可控成本。

成本责任管理的过程为成本责任划分—责任大小确定—责任考核奖惩三个步骤的循环。责任的划分是成本责任管理的出发点，只有明确了所承担的成本责任才能对成本进行合理有效的控制；责任大小的确定是成本责任管理的量化依据，使得责任管理具有了可操作性；责任考核奖惩是责任成本管理的根本目的，也是成本管理的有效手段，是责任成本管理的重要组成部分。在煤炭企业的责任管理中，责任的划分、责任大小的确定、责任考核与奖惩均是在 LUBA 成本管理模型的单元、块、区上进行。

### 3.2.2 成本责任管理的特点

成本责任管理通过有效、综合地运用成本责任管理中的有效方法来控制成本支出，提高企业效益，具有较强的综合管理职能。成本责任管理是由企业全员参与、全方位进行的管理模式，具有人员广、部门多的特点，需要全体职工的共同参与和不同业务部门的密切配合。成本责任管理通过层层计算和分解责任成本指标，使得每一个业务部门、每一位员工既是管理的组织者又是管理的参与者。

成本责任管理是最基本的也是最重要的，能够符合按劳分配或者按效分配的薪酬考核，被全体员工所接受，特别是直接参与生产的基层员工，是数量和价值的双向核算。成本责任管理是通过成本的可控性来划分责任，责任的范围确定职权，完成的责任预算总额和责任盈亏来兑现经济利益，真正实现市场经济按劳分配和企业自负盈亏的特性。企业上下级在成本责任管理中，除了分配任务和接受任务依靠行政约束，其余的都是责任中心之间的经济利益关系，这种管理模式更容易被全体员工接受，更适合未来企业的发展。

成本责任管理要按照责、权、利的统一原则来进行职责的分配，起点是确定成本责任的大小，合理的成本责任分配能够充分调动各个部门员工的积极性，激发员工的潜能；不合理的责任可能会使员工产生消极情绪，最终影响企业效率，成本责任一经确定之后不能够人为地随意调整，也不能一成不变，要随着企业的战略目标、成本控制等情况改变。权力是履行职责的保障，管理人员不仅有人员调配权、制度制定权，还有成本控制监督权等，执行层面的责任主体在企业生产过程中有确认自己责任合理的权力和执行自己工作任务的权力。利是企业经营与成本责任管理的出发点与落脚点，企业的各项工作都是由人来完成的，对企业员工实施与责任相关的利益激励，体现员工通过控制成本应得的利益，考核分析和奖惩是责任成本管理体系的重要组成部分，是过程控制的重要环节，是对成本责任落实情况的总结和反馈，也是通过利益机制调动各方积极性的重要手段，是企业责任成本执行的保障。

## 3.3　成本责任相关系数的提出与应用

明确责任主体与相关职责，做好责任划分，是成本责任管理的第一步，在此基础上提出责任相关矩阵与相关系数的概念，为接下来所要研究的基本问题提供理论依据。

### 3.3.1 面向可视化的煤炭企业成本责任划分

#### 3.3.1.1 面向可视化的煤炭企业成本责任主体的确定

目前国内大部分煤炭企业的成本责任管理比较混乱，存在成本归属不明确，责任部门划分不清楚等问题，有的环节甚至存在管理遗漏现象。

煤炭企业的成本责任相关主体是指对煤炭企业的生产经营产生直接或间接影响的客体。如对回采块采煤单元的材料成本有直接影响的材料使用部门、材料使用员工以及对材料成本有间接影响的材料发放与回收管理部门均是采煤环节的责任主体。为了更加规范，将煤炭企业所有的相关责任主体分为个人责任主体与部门责任主体。其中，个人责任主体又从领导、管理、执行三个层次来进行成本责任主体的确定，如图 3-3 所示。

图 3-3 煤炭企业个人责任主体层次图

则某煤炭企业所有的部门责任主体有井下生产各部门、地面生产各部门、经营管理各部门、党政各部门和后勤各部门。其中井下生产各部门包括综采队、综掘队、通风队、机电队、运输队、服务队；地面生产各部门包括选煤厂、煤质管理中心、供应部、基建部、销售中心；经营管理部门包括人力资源部、经营管理部、安监办、调度室、生产技术部、企管部、财务部、审计部、计划部、职教中心、总工办、档案室；党政部门包括党政办公室、纪委、团委、工会、组织部、宣传部、保卫科、调研室；后勤部门包括车队、招待所、水电队、环卫部、餐饮部、澡堂。执行层面的个人责任主体具体指的是每一项工作的具体执行人员。管理层面的责任主体是指各个队组，以及各个部门的部门管理者。领导层面的责任主体是指总经理、生产副总经理、机电副总经理、经营副总经理、安全副总经理、总工程师、基建副总、工会主席、党委书记。

#### 3.3.1.2 煤炭企业责任主体成本责任职责的界定

做好煤炭企业成本责任管理工作，首先要做好成本责任的界定，按照部门职责与岗位职责，本着“谁管谁负责”的原则，在各个单元、块、区上积极做好责任分配，将各个块、区、单元上的成本责任切实落实到各层管理人员、各个部门、各个队组以及各个执行人员，使得在成本责任管理上形成层次分明的责任落实体系。

每一个单元、块、区的领导层面的责任主体负责制定本公司的成本管控战略与计划，并且定期地组织对各个管理层的成本控制情况进行考核，负责监督各个管理层的职责履行情况。

每一个单元、块、区管理层责任主体即各个部门的管理人员，在理解好公司成本控制战略的基础上，根据上一级领导具体分配的成本管理任务，负责好与本部门发生成本项目相关的成本控制制度的建立，如井下生产部门的领导负责好材料领取与回收利用相关制度，安全事故防范与处理制度，人员调配与绩效奖金制度，设备维护制度、用电制度等，以便本部门对材料、设备、人员成本的管理在制度上具有保障。其次，各个部门的负责人要负责制订本部门的成本控制计划。最后，各部门的负责人要监督本部门人员成本控制的具体执行情况，并且对本部门成本控制情况进行考核、培训与计划的改进。

每一个单元、块、区成本管理的执行层人员与部门，即各个岗位的员工与各个相关部门的成本控制职责具体包括在一定的时期和范围内，相应人员与部门应当履行自己的岗位成本管理职责，完成本部门或是个人的成本控制任务，定期接受成本管理培训与岗位成本管控的绩效考核。

由于煤炭企业的主要业务是进行煤炭的生产，因此其成本绝大部分发生在生产环节，本书以井下生产区成本的回采块、采煤单元为例详细描述采煤单元各个责任主体的责任界定。采煤单元涉及的成本项目有职工薪酬、电力消耗、材料消耗、折旧费用、维修费用、安全费用、地面塌陷补偿费用等成本项目。成本控制相关的岗位责任职责如表 3-2、3-3、3-4、3-5 所示。

**表 3-2　采煤单元领导层责任主体岗位职责**

| 责任人 | 成本控制相关岗位职责 |
| --- | --- |
| 总经理 | 负责全公司管理战略的制定，成本管控的综合管理 |
| 总工程师 | 参与公司管理战略的制定，负责与生产技术、环保、地质勘测、一通三防相关的成本管理工作，做好总经理分配的其他成本工作 |
| 生产副总 | 参与公司管理战略的制定，负责公司与生产技术、调度、劳资业务有关的成本管理工作，以及总经理分配的其他成本相关工作 |

续表

| 责任人 | 成本控制相关岗位职责 |
| --- | --- |
| 安全副总 | 参与公司管理战略的制定，负责公司安全生产监督管理及职工培训方面与成本相关的工作，做好总经理分配的其他工作 |
| 机电副总 | 参与公司战略制定，负责公司机电管理、供配电、井下原煤运输与提升、监测监控、通信等方面与成本相关的工作 |
| 经营副总 | 参与战略制定，负责经营管理、物资供应、原煤加工、产品检测、煤炭营销等方面的成本管理工作以及总经理安排的其他工作 |
| 基建副总 | 参与战略制定，负责公司计划管理、后勤维修、卫生监督及公司对外投资等与成本控制相关的工作，以及总经理安排的其他工作 |

**表 3-3　采煤单元管理层成本控制岗位职责表**

| 责任人 | 成本控制相关岗位职责 |
| --- | --- |
| 综采队队长 | 制订具体生产计划和落实责任人，并负责监督执行情况 |
| 机电部部长 | 负责机电设备的相关工作以及本部门与成本相关其他工作 |
| 运输队队长 | 完成运输队的日常工作以及对整个运输队的成本管控 |
| 掘进队队长 | 负责本队组以及与掘进相关的日常成本管控工作 |
| 通风区部长 | 制订合理的矿井一通三防方案，制订具体的通风计划和落实责任人，并负责监督执行情况等 |
| 生产技术部部长 | 组织制订合理的生产采掘方案、组织井下验收等 |
| 安监部部长 | 负责制订安全规章制度、灾害预防、紧急避险工作 |
| 调度室主任 | 负责控制生产平衡，理顺生产系统，组织调度人员工作 |
| 经营部部长 | 负责与经营管理相关的各项制度的建立与管理监督工作 |
| 供应部部长 | 供应部门的管理工作及本部门成本控制的监督检查 |
| 人力资源部部长 | 负责人力资源相关的管理与监督工作 |

**表 3-4　采煤单元执行人员岗位职责表**

| 责任人 | 成本控制相关岗位职责 |
| --- | --- |
| 采煤工人 | 负责与采煤机相关的成本控制工作 |

**表 3-5　采煤单元部门责任主体成本管理岗位职责表**

| 责任人 | 成本控制相关岗位职责 |
| --- | --- |
| 综采队 | 执行生产技术部的生产方案，合理组织生产 |
| 机电部 | 负责机电设备运行保养工作，及时清除隐患 |
| 运输队 | 负责矿井皮带、电机车、矿车等运输系统管理工作 |
| 掘进队 | 落实掘进方案，抓好一通三防管理工作，做好支护工作，积极处理安全隐患 |

续表

| 责任人 | 成本控制相关岗位职责 |
| --- | --- |
| 通风区 | 制订有效的矿井通风方案、瓦斯治理、反风演练等工作 |
| 生产技术部 | 负责组织审定安全技术规程、安全技术措施、操作规程等 |
| 安监部 | 负责安全规章制度落实、安全隐患的排除等工作 |
| 调度室 | 负责协调、指挥井下安全生产等成本相关工作 |
| 经营部 | 制订年度资金计划、材料配件的管理及内部市场化工作 |
| 供应部 | 材料的保管、发放、仓库的管理、废旧物资的管理 |
| 人力资源部 | 负责调配、制度制定、工资奖金等与成本控制相关的工作 |

在明确回采块、采煤单元成本的各个责任主体与相应成本职责之后，做好有效的成本责任管控的关键是确定成本责任大小。本节在 LUBA 模型的基础上引入成本责任相关矩阵与相关系数概念，通过责任系数的设置能够明确责任主体的责任大小，引导责任主体的成本管理行为与努力程度，并且在责任相关系数确定后，可以依据成本责任相关系数进行一系列的成本控制。

## 3.3.2　成本责任相关矩阵与系数的提出

由于煤炭企业一项成本的发生有多个责任主体，一个责任主体可能对应不同的成本项目、单元、块、区或线，使得煤炭企业的成本责任关系比较复杂。为了理清每一项成本、单元成本、块成本、区成本、线成本的相关责任主体的责任，更好地对每一项成本进行责任控制，我们引入责任相关矩阵与相关系数的概念，让每一个参与成本管理的个人或部门都可以清楚地知道自己对某一项成本的发生究竟应该承担什么样的成本责任，而又有哪些人与其共同承担一项成本发生的成本责任，他们又分别要承担什么样的成本责任。并且通过责任相关系数的确定，引导责任主体的相关行为、进行基于责任系数的责任奖惩，不仅能够提高责任主体和其所在单元、块、区的成本效益，还能为可视化的成本管理提供现实依据。

### 3.3.2.1　成本项目责任相关矩阵

责任相关系数即成本责任主体对 LUBA 成本管理模型中各个成本对象的发生等应承担责任的程度，责任相关矩阵即由责任相关系数组成的矩阵。构建责任相关矩阵，最重要的是要明确各责任主体的成本责任相关系数。以 LUBA 成本管理模型中 $A_1$ 区 $B_1$ 块的 $U_1$ 单元为例，说明其各成本项目相关责任主体的责任相关系数与责任相关矩阵。设 $U_1$ 单元有 $m$ 个成本项，不妨设为 $C_1$，$C_2,\cdots,C_m$，其中有 $m_1$ 个单元成本项 $C_1,C_2,\cdots,C_{m_1}$ 和 $m_2$ 个相应单元线成本分摊到本单元的项目 $C_{m_1+1},C_{m_1+2},\cdots,C_m$，其中 $m=m_1+m_2$。假设该 $U_1$ 单元一共有 $n$ 个责任主体，设为 $D_1,D_2,\cdots,D_n$。

为了更清楚地描述各个责任主体与其相关的成本项目之间的责任关系，我们以 $C_j$ 为行 $D_i$ 为列建立表格，并由此构造单元中成本项目的成本责任相关矩阵，则交叉位置即为 $C_j$ 与 $D_i$ 的责任相关系数 $r_{ij}$。成本项与责任主体的责任对应关系如表 3-6 所示。

**表 3-6 成本项与责任主体的责任对应关系表**

| 成本项目 $C_j$ / 责任主体 $D_i$ | $C_1$ | $C_2$ | $\cdots$ | $C_m$ |
|---|---|---|---|---|
| $D_1$ | $r_{11}$ | $r_{12}$ | $\cdots$ | $r_{1m}$ |
| $D_2$ | $r_{21}$ | $r_{22}$ | $\cdots$ | $r_{2m}$ |
| $\vdots$ | $\vdots$ | $\vdots$ | $\ddots$ | $\vdots$ |
| $D_n$ | $r_{n1}$ | $r_{n2}$ | $\cdots$ | $r_{nm}$ |

其中 $\sum_{j=1}^{n} r_{ij}=1$，由此，我们可以得到责任主体与相应成本项目之间的责任相关矩阵，是一个由责任相关系数组成的 $n$ 行 $m$ 列的矩阵，表示为 $(r_{ij})_{n\times m}$。其中前 $m_1$ 列为单元成本项目的责任系数，后 $m_2$ 列为各块线成本分摊到该单元的成本对应的责任系数。具体表示为：

$$D=\begin{pmatrix} r_{11} & r_{12} & \cdots & r_{1m} \\ r_{21} & r_{22} & \cdots & r_{2m} \\ \vdots & \vdots & \ddots & \vdots \\ r_{n1} & r_{n2} & \cdots & r_{nm} \end{pmatrix} \tag{3.4}$$

其中，第 $i$ 行第 $j$ 列元素 $r_{ij}$ 代表第 $i$ 个责任主体对第 $j$ 个成本项目的责任大小，第 $j$ 列代表对于成本项目 $C_j$ 与之相关的各个成本责任主体的责任大小，第 $i$ 行表示第 $i$ 个责任主体对于各个成本项目所承担的成本责任。这里责任系数的确定可以根据不同企业的具体情况与具体的管理目的进行设定。

#### 3.3.2.2　单元、块、区责任相关矩阵

单元责任相关矩阵确定的一种方法为：找到块成本中所包含的全部单元成本项目以及块线成本、区线成本在本块的分摊项目，不妨记为 $U_1, U_2, \cdots U_n$，并且找到 $B_1$ 块的全部责任相关主体，按着成本项目责任矩阵的构建方式，以 $U_j$ 为行 $D_i$ 为列构建表格，并由此构造单元成本责任相关矩阵。

此外还可以通过逐层合成的方法确定单元成本责任相关矩阵，即单元责任相关矩阵可以由各个单元的成本项目责任相关矩阵合成得到。设单元成本项目的权重向量为 $K=(K_1, K_2, \cdots, K_m)$，则 $U_1$ 单元的责任相关系数向量 $(\omega_{11}, \omega_{21}, \cdots, \omega_{n1})=(K_1, K_2, \cdots, K_m)D'$。用同样的方法我们可以得到 $U_2$ 单元和 $U_3$ 单元的成本责任相关系数向量，由此我们通过单元项与责任主体的责任对应关系建立 $A_1$ 区 $B_1$ 块中单元成本责任系数矩阵，对应关系表 3-7 所示，交叉位置即为单元 $U_j$ 与责任主体 $D_i$ 的责任相关系数 $\omega_{ij}$。

**表 3-7　单元项与责任主体的责任对应关系表**

| 单元 $U_j$ / 责任主体 $D_i$ | $U_1$ | $U_2$ | $\cdots$ | $U_m$ |
|---|---|---|---|---|
| $D_1$ | $\omega_{11}$ | $\omega_{12}$ | $\cdots$ | $\omega_{1n}$ |
| $D_2$ | $\omega_{21}$ | $\omega_{22}$ | $\cdots$ | $\omega_{2n}$ |
| $\vdots$ | $\vdots$ | $\vdots$ | $\ddots$ | $\vdots$ |
| $D_n$ | $\omega_{n1}$ | $\omega_{n2}$ | $\cdots$ | $\omega_{nm}$ |

用同样的方法我们可以得到块成本、区成本的责任相关矩阵，这里就不再重复叙述，对于单元线成本、块线成本、区线成本的处理可以与本节中一样都分摊到相应的单元、块、区，与相应的单元、块、区成本做同样的处理，也可以都分摊到最底层，如单元层，只在单元成本层做一次处理即可。

## 3.4　成本责任管理理论体系

通过前面的分析得到了成本责任的内涵、成本责任的研究对象与分析工具，本节接下来对成本责任的作用机理进行分析，并由此提出成本责任管理的三个关键问题。

### 3.4.1 成本责任作用机理分析

成本管理包含三个方面的重要属性，分别是时间属性、空间属性和责任属性，其中责任属性也具有特定的时间与空间效应，在特定的时空属性下，做好成本责任管理是做好成本管理的关键。成本责任是在生产经营过程中产生的，是企业责任的一种，同时也蕴含在其他的责任之中，成本责任管理的内涵要求，责任者必须在生产经营过程中对所发生的成本问题负责。各个责任者履行好自己的职责，做好煤炭企业成本责任管理，最根本的是各个责任主体要知道自己应负的责任大小，这也是成本责任管理的重要内容。做好成本责任管理另一个重要内容是做好成本责任的考核奖惩，以责任管理目标确定奖惩机制，以奖惩机制促进责任管理。

煤炭企业成本责任包括对材料、人工、折旧、电力、其他费用五个成本项目的责任。管理过程中，每一个责任主体所承担的成本管理责任由其所在岗位职责和所享有的相对利益决定。基于成本走廊相关理论，将煤炭企业发生的成本按照区、块、单元、线进行划分表示。为了明确各个成本项目、单元成本、块成本、区成本、线成本发生的责任情况，以及各个责任主体的责任大小，我们引入成本责任相关矩阵与相关系数的概念。责任落实、提高成本责任管理可操作性的一个有效途径就是根据承担责任情况确定相关责任系数。

责任相关系数会直接影响相关责任主体成本控制行为的选择。控制成本、提高成本效益的关键在于尽量将可控成本降低到最低，而可控成本是通过一定的管理手段能够进行控制的成本，人既是管理的主体也是管理的客体。从管理的本质即人的管理的角度来看，人的活动和行为要受到客观必然性的支配和社会历史条件的制约，“不管个人在主观上怎样超脱各种关系，他在社会意义上总是这些关系的产物”。责任是以意志自由为前提的，如果否认了意志自由，也就必然否定了人的责任，这也就说明了各个责任主体的行为选择是基于社会、企业以及自身客观环境下的自由选择。

而世界的本质是运动的，企业所处的环境及各个责任主体所处的环境一直是变化的，在责任落实与成本责任相关系数确定后，每一个责任主体的行为状态可能会随环境的改变而发生改变。而对于每一个责任主体所选择是否承担成本责任与努力工作情况是由自身主观因素、其他责任者的行为、自身的利益相关性、责任分配情况、自身权力、环境等因素决定的。而自身主观因素又受到自身权责利、其他责任相关者的行为以及环境的影响,其中自身主观因素与其他责任相关者的行为会受到其他四项因素的影响。

对于煤炭企业生产而言,当外部动因导致上述任何一个因素的变化都可能引起责任者对于责任承担意愿状态的改变,并且这种状态也会在各个责任主体之间传导。单元责任主体行为的变化不仅会影响本单元其他责任主体及其之间的行为,还会影响其他单元责任主体及其之间的行为,甚至会影响更高一层次的责任主体及其之间的行为,最终会影响企业的成本管控效益。为了说明成本责任的传导过程,我们构建了如下成本责任作用机理模型,如图3-4所示。

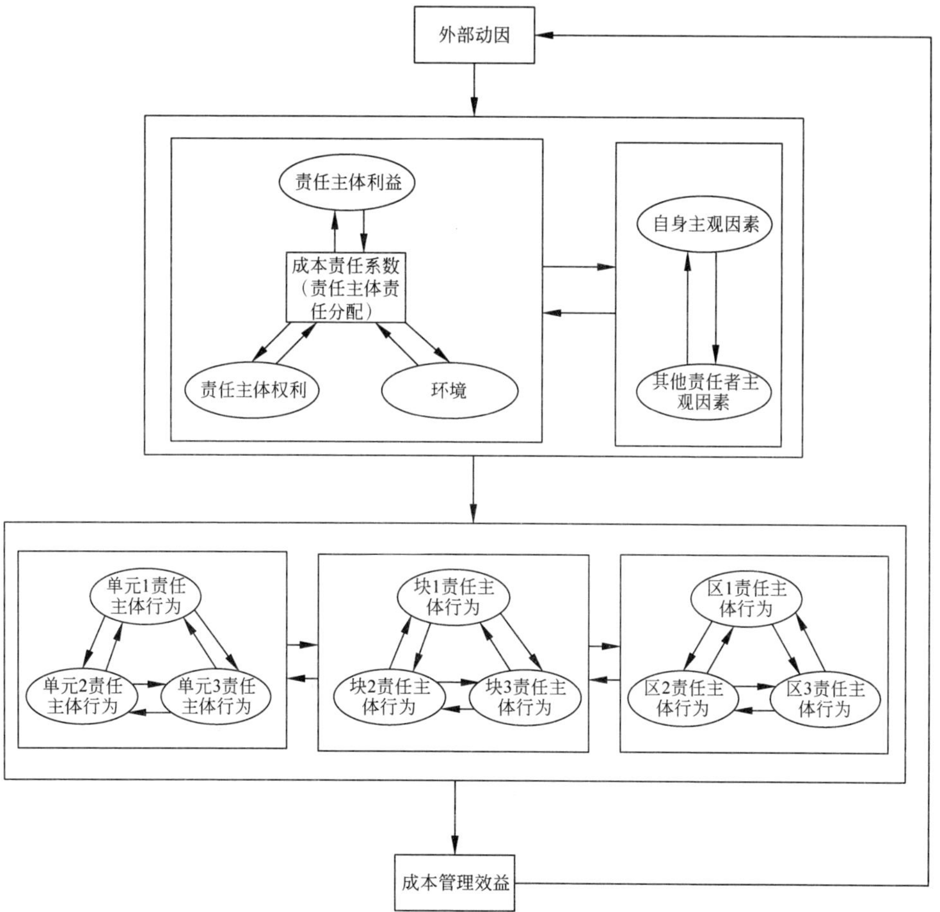


图3-4 成本责任作用机理模型

通过作用机理模型可知，成本责任系数的确定可以影响责任主体的责任行为，从而影响成本的管控效益。当成本责任系数确定后，系统受到外部动因的刺激，引起责任主体的利益、权力、主观因素或环境的变化，从而影响责任主体的履职行为，进而影响成本效益，继而又影响到企业责任主体的利益分配，最终造成了责任系数改变的动机。因此，如何确定以及根据管理需要优化成本责任系数来提高管理效益，是成本责任管理最重要的问题。

合理的成本责任分配即责任系数的确定，能充分调动和发挥各部门和员工的积极性、创造性和聪明才智，最终达到企业的成本控制目标；不合理的责任确定，要么会造成企业效益流失，要么会挫伤员工的积极性，最终与企业的成本控制目标背道而驰。因此，企业管理层和执行层都必须认真对待、精心策划、反复测算，力争使成本管控各个单元、块、区的成本责任管理科学合理。

### 3.4.2 成本责任管理根本问题的提出

结合成本责任管理的内涵与作用机制，可以得到本书要研究的三个具体问题，即如何确定责任主体所承担的责任(责任相关系数确定方法)，如何根据外部因素的变化对成本责任系数进行调整以提高成本管理效益(责任相关系数的再分配)，如何设定成本责任奖惩机制(责任系数的应用与成本责任管理的目的)，具体包括以下三个方面。

1. 面向可视化的成本责任系数确定方法研究

成本责任管理、确定成本责任相关系数在成本管理理论体系中尤为重要。一方面能够增强各个岗位责任相关者的成本管理责任感，另一方面能够充分调动各个岗位人员的主观能动性，确保成本责任管理的有效实施。

由于每个成本项目、单元、块、区的责任主体不仅仅是一个，每一个责任主体不仅对一项成本负责，并且各个责任主体的目标都是追求自己的利益最大化，因此各个相关责任主体在履行自己的成本责任管理任务时存在博弈行为，各责任主体会根据其他责任主体的行为与当前环境条件，选择对自己最有利的行为策略。同时成本责任具有传导性，如某个单元的成本责任承担情况不仅仅会影响到本单元的成本发生，也会对其他单元产生影响，使得责任主体对于他们所承担的成本责任具有模糊性以及存在主观的认识。因此，接下来的章节会利用博弈论方法和结合调查问卷的直觉梯形模糊数相关方法，从理论上确定单元各个成本项目的责任系数，以及各个块、区成本的责任相关系数。

2. 面向可视化的成本责任系优化研究

成本责任系数确定后，每一个责任主体对其所负责的单元、块、区成本所承担的责任大小，以及其他责任主体所需承担的责任大小都确定下来。但是各个责任主体所处的环境、企业管理的重点、企业的管理战略、成本的管理反馈等都是变化的，并且每一个责任主体都是理性的，都有追求自己利益最大化的倾向，这就使得每个责任主体所选择承担的成本责任发生变化，各个责任主体间的平衡关系被打破，产生了新的博弈行为。每一个责任主体都可以根据自身责任情况，以及其他责任主体的选择情况，确定最有利的努力程度，并依据其他责任主体的策略，改变自己的策略与努力程度，从而使得自己的效益最优。这时企业不得不根据具体情况调整责任主体所承担责任的大小，具体体现在成本责任系数的调整上，只有这样才能使得企业保持一个较高的效益状态。

因此本书需要研究如何通过科学的方式确定一个动态优化的成本责任相关系数，在使得 LUBA 控制模型上的每一个单元成本、块成本、区成本效益最优的同时，各个责任主体的效益也能达到最优。

3. 面向可视化的成本责任奖惩机制

作为一个完整的管理过程，需要对成本责任进行确定、分析，并依据分析结果实施奖惩，以体现责任的约束作用。因此本书不仅要研究如何量化成本责任相关系数；根据实时条件对责任系数进行优化调整，从而提高成本管控效益；而且要研究如何利用成本责任系数，从责权利相统一的角度出发，进行成本责任奖惩，达到成本责任研究的最终目的。

成本考核完成以后，分析造成成本偏差的原因。通过分析可知，除了由于责任主体的失职等一般因素外，LUBA 模型上控制单元间的信息非对称以及材料的回收复用不到位都是造成成本偏差的重要因素，因此本书需要分别针对一般成本偏差情况、单元间信息非对称造成成本的偏差情况、材料回收复用不到位所造成的成本偏差情况，分别建立成本责任奖惩模型，使得奖惩机制真正落实到每一个责任主体，并且与自己所承担的责任挂钩，通过责任奖惩机制来引导和控制责任主体的行为，为可视化的成本责任管理与责任奖惩奠定基础。

## 3.5 本章小结

本章对基于 LUBA 的成本责任管理体系进行了阐述，第一节研究了管理体系的基础问题，首先介绍了 LUBA 管理模型，并针对煤炭企业构建了 LUBA 成本管理模型，分析了 LUBA 模型的层级确定问题、煤炭企业的成本构成问题和成本影响因素问题；第二节对成本责任管理内涵和特点进行了分析；第三节进行了责任主体的确定和职责的划分，并提出了成本责任相关系数及矩阵；第四节根据分析提出本书接下来所要研究的三个关键问题。

# 第 4 章 面向可视化的煤炭企业成本责任系数确定方法

确定 LUBA 成本管理单元上责任主体的责任大小，使得成本责任管理具有可操作性，是实现可视化成本管理的前提，也是对各个部门进行成本责任管理的依据，在整个成本管理中至关重要。成本责任的大小会影响各个责任主体的行为选择与利益分配等，从而影响 LUBA 管理结构中的每一个单元的成本效益，因此如何进行成本责任系数的确定，是成本责任管理中非常重要的问题。本章接下来从博弈论与直觉梯形模糊数的相关方法出发，探讨成本责任系数的确定问题。

## 4.1 煤炭企业成本责任系数分析

本节从煤炭企业成本管理的特点、成本管理利益相关者的相互作用、煤炭企业经营管理目标这三个方面出发，探讨成本责任相关系数确定的必要性与原则，为接下来的成本责任系数量化研究提供了理论依据。

### 4.1.1 煤炭企业成本责任系数确定研究的必要性分析

确定成本责任是成本管理的基础环节，而成本责任系数的确定是成本责任管理的重要内容，是进行成本考核、分析和制度制定的依据，在煤炭企业管理中至关重要。合理的成本责任系数确定，能够提高绩效管理水平，调动员工的积极性，发挥员工的潜能，实现成本控制，最终达到提高利润的目标。不合理的成本责任系数确定，不仅挫败员工的积极性，还影响企业的生产效益。

结合煤炭企业日常成本责任管理的特点与目的，分析得出确定成本责任系数，从而量化各个责任主体的责任，引导责任主体的行为，提高成本责任管理的可操作性，成为解决成本责任管理中许多问题的关键。

1. 煤炭企业责任管理复杂性的必然要求

一方面，由于责任主体所承担的成本管理任务本身的复杂性——包括成本发生的时空属性的复杂性和煤炭企业地质条件的复杂性，加之大多数煤炭企业属于地下开采行业，其日常作业受自然环境以及水文地质条件的影响非常大，这也造成了成本发生的时空属性的复杂度，还有成本发生的不确定性与不平衡性，因此增加了成本责任分配的难度；另一方面，由于各个责任主体的责任不能是简单负责的所有成本项目责任的加和，很多作业中的成本项目的管理往往需要不同责任主体的共同参与，并且一些单元的成本发生会受到相邻单元成本发生的影响，这样不仅造成了成本责任的分配具有非可加性，并且使得各个责任主体之间所承担的责任比较模糊，成本责任管理变得非常复杂。

2. 成本责任主体主客观因素的必然要求

由于各个责任主体各自的文化、价值观等主观因素的不同会导致对同一问题的认识不同，会影响到各个责任主体之间对于成本责任管理的相互协作与成本责任管理的效率。而且由于各个责任主体的受教育程度、技术水平和自身素质等客观原因，会导致各个责任主体之间观察到的现象、收集到的信息，信息的处理方式等很多方面都有所不同，产生了不同的偏好，这些都最终影响各个责任主体的成本责任管理的投入与努力程度，从而使得成本管理变得不确定。因此，需要确定每个责任主体的责任系数来对责任主体的行为进行引导。

3. 煤炭企业最大化利益追求的必然要求

煤炭企业经营生产的根本目标是使得企业自身的利益最大化。内外部的环境条件给煤炭企业带来了巨大的市场压力，单个的煤炭企业无法左右市场，只是市场的接受者。因此，有效地降低成本，提高成本效益，成为每个煤炭企业提高自身效益的必然选择。各个责任主体之间的分工合作，责任落实是成本管理的有效手段，责任系数的确定作为责任落实的一种实现途径，能够促使各个责任主体进行积极有效的成本管理，提高煤炭企业的效益。

### 4.1.2 煤炭企业成本责任系数确定的原则

煤炭企业责任系数确定的基本原则包括科学性原则、权责利统一原则、公平合理原则、可操作原则。在煤炭企业责任系数的确定中，遵循这些基本的原则，将使得责任系数的确定更加合理，各个责任相关主体更加容易接受，更加有利于实现高效、科学的可视化成本管控。

1. 科学效益原则

科学性原则是指责任系数的确定必须以科学的理论与方法为指导，不能单凭主观的判断进行确定，必须要符合经济学的基本原理。不仅单元责任系数的确定科学，而且由单元到块，由块到区的责任系数合成也要科学。责任系数的确定不仅与所承担的责任成本有关，而且所确定的责任系数更能使得责任主体为了本单元、块、区取得更好的效益而进行成本的努力监管，不仅实现了单元、块、区的成本效益，也实现了责任主体自身的成本效益。

2. 权责利统一原则

权、责、利是构成企业行为机制的三大要素，其之间的关系决定了企业的活力、经营的好坏和效益的高低。权是履行责任的条件与保障，分责的同时应该放权，而相应的部门需要利用好各自的权利做好对应的工作；责是职责、责任，煤炭企业要以 LUBA 模型为基础建立责任单位，落实责任任务，保障责任主体的有效控制；利是相关利益的分配，是责任主体活动的动因，是各项工作的出发点和落脚点，在处理责任分配时一定要和利益分配结合起来，从而激发员工的潜能，提高企业管理效益。企业的成本责任管理是一个长期的、复杂的系统工作，以权、责、利为基础，努力做好煤炭企业成本责任管理各项工作，为可视化的成本控制提供保障。

3. 公平合理原则

公平合理有两方面的含义，一方面是指要满足整体合理性，即使得相应的单元、块、区责任系数分配合理，另一方是指满足各个责任主体的合理性，是指在责任系数的确定中要保证每一个责任主体能够享受到公平的待遇，保证其所承担的责任大小不仅与相应责任单元的效益有关，更重要的是与其自身的实际情况相匹配。各个责任主体对成本的控制作用能力有大有小，努力贡献系数有大有小，在确定责任系数时要根据实际情况，否则就会影响到各个责任主体的工作积极性，导致各责任主体之间的关系破裂，适得其反。

4. 可操作原则

可操作性原则是指责任系数的确定方法要与煤炭企业的实际情况相符，要能够实现成本责任的可视化管控。使得煤炭企业的成本管理者能够利用这一套成本责任系数的确定方法，在成本发生异常的时刻，能够准确地定位到哪个区成本、块成本、单元成本的哪个成本项目发生了异常，并且相应的责任主体应该承担多大的责任，从而还原了责任发生的时空属性。

## 4.2 基于博弈论的成本责任系数确定方法

成本责任系数确定的关键在于选择合适、科学的责任系数分配方法。责任系数的确定方法很多，有计划系数分配法、直接分配法、代数法等，由于成本责任管理过程中，各个责任主体之间存在相互博弈的行为，因此本节从博弈论的角度出发，探讨成本责任系数的确定方法，本节主要探讨基于 Nash 谈判模型的责任系数确定方法、基于 Shapley 值的责任系数确定方法、基于核仁的责任系数确定方法以及基于群体重心法的责任系数确定方法。这些方法各具优势，都比较容易理解，可操作性比较强，对现实具有指导意义。

### 4.2.1 基于合作博弈论的成本责任系数确定方法

#### 4.2.1.1 基于 Nash 谈判模型的责任系数确定模型

Nash 谈判模型是完全信息结构下的博弈分析模型，该模型是在各博弈参与人相互作用下，运用博弈论思想分析其策略选择及其均衡[179]。责任系数分配的过程也可以看成各个责任主体进行分配协商的过程，由于各个责任主体的重要程度不同，各个责任主体的责任相关系数可以通过不对称的 Nash 谈判方法获得，在确定最终的责任系数前，各个责任主体之间往往先进行谈判和协商，运用 Nash 协商模型来进行分析研究，需要做以下的一些假设。

设最终的责任分配系数为 $r=(r_1, r_2, \cdots, r_n)$，且有 $\sum_{i=1}^{n} r_i=1$，各个责任主体的重要程度向量记为 $\omega=(\omega_1, \omega_2, \cdots, \omega_n)$，其中 $\omega_i$ 表示第 $i$ 个责任主体的相对重要程度，且满足 $\sum_{i=1}^{n} \omega_i=1$。在责任主体对责任单元的责任进行协商分配时，假设第 $i$ 个责任主体提出的责任系数分配方案为 $u_i=(u_{1i}, u_{2i}, \cdots, u_{ni})^T$，其中 $u_{ji}$ 表示第 $i$ 个责任主体提出的第 $j$ 个责任主体的责任分配系数，且 $0<u_{ji}<1$，$\sum_{j=1}^{n} u_{ji}=1$。则 $n$ 个责任主体提出的责任系数分配矩阵为：

$$u=\begin{pmatrix} u_{11}, u_{12} \cdots u_{1n} \\ u_{21}, u_{22} \cdots u_{2n} \\ \vdots \\ u_{n1}, u_{n2} \cdots u_{nn} \end{pmatrix} \tag{4.1}$$

设责任系数的理想分配方案为：$u^+=(u_1^+, u_2^+ \cdots u_n^+)$，$\sum_{i=1}^{n} u_i^+ \geqslant 1$，由于该责任系数的分配方案不能满足归一化的条件，因此需要责任主体之间进行协商，设协商后的第 $i$ 个责任主体的折扣系数记为 $x_i$，则责任主体的最终责任分配系数记为 $r_i=u_i^+-x_i$。设责任系数的负理想分配方案为 $u^-=(u_1^-, u_2^- \cdots u_n^-)$，即各个责任主体的责任分配系数 $r_i$ 不能小于 $u_i^-$。

通过不对称的 Nash 协商模型可知，求解责任分配系数可转化成求解理想分配方案的最佳折扣系数 $x=(x_1, x_2 \cdots x_n)$，以各个责任主体的负理想分配方案 $u^-=(u_1^-, u_2^- \cdots u_n^-)$ 为 Nash 谈判的起点，则求解责任分配系数的 Nash 协商模型表示为：

$$\max[(u_1^+-x_1-u_1^-)^{\omega_1}(u_1^+-x_1-u_1^-)^{\omega_1}\cdots(u_1^+-x_1-u_1^-)^{\omega_1}] \tag{4.2}$$

$$\text{s.t.}\begin{cases} u_i^+-x_i \geqslant u_i^- \\ \sum_{i=1}^{n}(u_i^+-_i)=1 \end{cases} \tag{4.3}$$

其中 $u_1^+-x_1$ 表示为 Nash 谈判后最终的责任分配系数，$u_1^+-x_1-u_1^-$ 表示最终的责任分配系数与负理想分配系数的差距，目标函数(4.2)式代表通过各个责任主体的协商最终获得一个使得各个责任主体均满意的责任相关系数。约束条件 $u_i^+ - x_i \geqslant u_i^-$ 代表协商后的责任分配不能低于负理想责任分配。

由 kuhn-Tucker 条件可解得

$$x_i = u_i^+ - u_i^- - \omega_i\left(1 - \sum_{i=1}^{n} u_i^-\right) \tag{4.4}$$

由此可求出 Nash 协商后的责任分配 $r_i'$ 为

$$r_i' = u_i^- - \omega_i\left(1 - \sum_{i=1}^{n} u_i^-\right) \tag{4.5}$$

因此责任相关系数 $r_i$ 为

$$r_i = r_i' / \sum_{i=1}^{n} r_i' \tag{4.6}$$

#### 4.2.1.2 基于 Shapley 值的责任系数确定模型

Shapley 值法是一种经典的方法,已经得到广泛的研究与应用,该方法是从公平的角度对成本责任主体的责任系数进行确定,来解决 $n$ 个人合作博弈的系数分配问题。Shapley 值法是以责任中心上的各个责任主体所节省成本的边际贡献为基础,分配各个责任主体的责任系数。[180]

设 $S$ 为 $N$ 人合作博弈的任意子集,可以看成一个联盟,$v$ 为联盟 $S$ 的特征函数,则 $v$ 满足可加性,即对于联盟 $S_1$ 和 $S_2$ 如果符合当 $S_1 \cap S_2 = \varnothing$,则 $v(S_1 \cup S_2) \geqslant v(S_1) + v(S_2)$,这里 $v(S)$ 为成本节约效益,也就是当各个责任主体之间相互合作配合进行成本管理时的效益大于各个责任主体单独进行成本管理的效益之和。

各个责任主体的 Shapley 值之和为责任中心上成本控制总效益。当某个责任主体对于某责任中心的成本控制效益没有影响时,则其 Shapley 值为零,也就是其责任系数为零,即利用 Shapley 值法进行责任系数的确定满足有效性。

每个责任主体的责任系数分配与其标号顺序无关,即利用 Shapley 值法进行责任系数的确定满足对称性。

对于任意特征函数 $v_1$ 和 $v_2$,均满足 $r_i(v_1 + v_2) = r_i(v_1) + r_i(v_2)$,其中 $i = 1, 2, \cdots, n$,即当 $n$ 个责任主体同时参与两个责任主体间的合作联盟时,每个责任主体的 Shapley 值为两个合作联盟的成本效益之和,即满足可加性。

设每个责任主体分配的责任相关系数为 $r=r_1,r_2,\cdots,r_n$，由 Shapley 值公式可知每个责任主体的 Shapley 值 $r'_i$ 可表示为

$$r'_i=\sum_{S\in S_i}\left[\frac{(|S|-1)!\ (n-|S|)!}{|n|!}\times[v(S)-v(S-i)]\right] \tag{4.7}$$

因此责任相关系数 $r_i$ 为

$$r_i=r'_i/\sum_{i=1}^{n}r'_i \tag{4.8}$$

这里 $S_i$ 是包含责任主体 $i$ 的所有联盟集合，$|S|$ 是集合 $S$ 的元素个数，$\frac{(S-1)!\ (n-S)!}{n!}$ 是加权因子，$v(S-i)$ 表示集合 $S$ 中去掉责任主体 $i$ 后的成本管理效益。假设各个责任主体之间的成本管理联盟是随机的，则各个成本管理联盟出现的概率为 $1/n!$，责任主体 $i$ 与 $S$ 中其他责任主体形成成本联盟 $S$，责任主体对成本管理联盟的贡献为 $v(S)-v(S\backslash i)$，$S\backslash i$ 和 $N\backslash S$ 的相继排列为 $(|S|-1)!\ (n-|S|)!$ 个，所以各联盟出现的概率为 $\frac{(|S|-1)!\ (n-|S|)!}{|n|!}$，由此 $r_i$ 也可以看成责任主体成本管理效益贡献的期望。

#### 4.2.1.3　最小核仁法的责任系数确定

核仁方法是以稳定性为原则对责任主体的责任系数进行确定，在一个 $n$ 个责任主体合作博弈中，全体理想系数确定方案所形成的集合被称为博弈的核心(Core)，记为 C(v)。某一系数确定方案 $\varphi=\varphi_1(v),\varphi_2(v),\cdots,\varphi_n(v)$，在核心 C(v)中的充分必要条件如下：

$$\sum_{i\in s}\varphi_i(v)\geqslant v(s),\quad \forall s\in N \tag{4.9}$$

$$\sum_{i=1}^{n}\varphi_i(v)=v(N) \tag{4.10}$$

(4.9)表示要满足独立检验，当 $|s|=1$ 时表示个体理性，(4.10)表示系数分配方案在 C(v)中要满足集体理性，核仁法是从满足集体理性与个人理性的分配方案中选择一个合理的方案，使得任何联盟 $s$ 来说都不被其他的确定方案所代替，也就是说把合作博弈$(N,C)$的核仁作为系数确定方案。但是核仁有可能会是空集，为此，我们给多人合作对策模型中的联盟合理性条件加一个松

弛变量 ε，这样就可以把确定责任系数分配方案的问题转化为求解线性规划的问题。

所谓最小核仁法，就是把一个相同的额外值，分别加到每一个联盟 $S(1<S<N)$ 的联盟收益总和上，求解各参与方的收益分配额，也就是求解下述线性规划问题：

$$\text{Min}\varepsilon$$
$$\text{s. t.}\begin{cases} x_i \geqslant v(i), \quad \forall i \in N \\ \sum_{i\in s} x_i \geqslant v(S), \quad \forall i \in N \text{ 且 } |S| > 1 \\ \sum_{i\in N} x_i \geqslant v(N) \end{cases} \tag{4.11}$$

式中 $v(N)$ 表示所有责任主体协作的最大收益，$x_i$ 表示责任主体 $i$ 从协作的最大效益 $v(N)$ 中分得的收益，$v(i)$ 表示责任主体 $i$ 不参与协作时的收益[181]。

### 4.2.2 基于群体重心法的责任系数确定模型

基于前面的几种博弈论的方法可以得到群体加权中心的成本责任系数的确定模型。该模型避免了上述单一模型的内在缺陷，为成本责任系数的确定与分配提供更为合理有效的方法。群体重心模型的思想就是寻找一种距离理想责任系数确定方案最近的一种方案，即可以把前面各种博弈论的责任确定方案综合成各个责任主体可能接受的分配方案。群体重心的一般模型为模型假设有 $n$ 个责任主体，如果存在 $m$ 种理想方案，设第 $i$ 种理想系数方案为 $p_i=(x_1, x_2, \cdots, x_n)$，设最终的系数分配方案设为 $r=r_1, r_2, \cdots, r_n$，定义理想方案的损失 $d_i(p)$ 为：

$$d_i(p)=[(r_1-x_{i1})^2+(r_2-x_{i2})^2\cdots(r_n-x_{in})^2]^{\frac{1}{2}} \tag{4.12}$$

则责任系数确定问题可以转化为求解下列损失函数 $f_i(p)$，使得损失最小。

$$f(p)=d_1^2(p)+d_2^2(p)+\cdots+d_n^2(p) \tag{4.13}$$

令 $f(p)$ 对 $r_i$ 的偏导为 0，即

$$\frac{\partial f}{\partial r_i}=((r_1-x_{i1})+(r_2-x_{i2})+\cdots+(r_n-x_{in}))=0 \tag{4.14}$$

解得

$$r_j=\frac{1}{m}\sum_{j=1}^{m}x_{ij} \tag{4.15}$$

其中 Nash 谈判模型，基于 Shapley 值的责任系数确定模型，核仁方法都属于博弈论的方法，群体加权重心法可以以这几种方法为基础，形成一种综合性的方法。在博弈论的方法中，应用最多的是基于 Shapley 值的方法。这几种方法都在一定程度上解决了成本责任系数的分配问题[182]。

### 4.2.3 基于 LUBA 与博弈论方法的成本责任系数确定算例

以 $A_1$ 区 $B_1$ 块的 $U_1$ 单元为例，利用 Shapley 值的方法来说明成本责任系数的博弈论确定方法，设 $U_1$ 单元有 $n$ 个责任主体组成记为 $D=\{D_1,D_2,\cdots,D_n\}$，每个责任主体之间即存在合作关系又存在博弈行为，并且每一个责任主体可以看成一个博弈参与人，$D$ 的任意子集 $S$ 都可以看成一个联盟，其中空集和全集也可以看成责任主体间的一种联盟。

设 $v(S)$是责任主体的子集 $S$ 与 $D-S=\{i\in S,i\notin D\}$组成的博弈中的特征函数，定义 $v(\varnothing)=0$，$v(i)$表示责任主体 $i$ 与其他所有责任主体博弈的特征函数。

设 $S$ 是单元 $U_1$ 的责任主体间的联盟，其特征函数为 $v(S)$，设单元 $U_1$ 各责任主体的责任系数 $R=(r_1,r_2,\cdots r_n)$分配方案满足

$$\sum_{i=1}^{n}r_i=v(S),\quad 且\ r_i=v(i),\quad i\in S \tag{4.16}$$

$r_i$ 值的大小与责任主体对于单元的成本管理责任和获得的收益有关，收益越大，则 $r_i$ 值越大。

设责任主体 $i$ 加入联盟时，联盟的特征函数为 $v(S)$，退出联盟时的特征函数为 $v(S-i)$，这两个特征函数的差即为责任主体对责任中心联盟的贡献，即责任主体的收益。则责任主体收益可表示为：

$$P_{U_1}=v(S)-v(S-i) \tag{4.17}$$

对于每一个博弈都有唯一的 Shapley 值，因此由公式(4.7)可知对于单元 $U_1$ 中的责任主体的 Shapley 值可表示为：

$$r'(i)=\sum_{S\in D}\left[\frac{(|S|-1)!\ (n-|S|)!}{|n|!}\times[v(S)-v(S-i)]\right] \tag{4.18}$$

因此单元 $U_1$ 中责任主体的责任相关系数 $r_i$ 为

$$r_i=r'_i/\sum_{i=1}^{n}r'_i \tag{4.19}$$

根据具体算例来说明利用 Shapley 值计算责任分摊系数，首先假设 $A_1$ 区 $B_1$ 块的 $U_1$ 单元有三个责任主体，当每个责任主体自独自进行成本责任监管，其他责任主体不进行成本监管时，可节省的成本分别为 30、20、10，当只有 $D_1$、$D_2$ 个责任主体合作参与单元 $U_1$ 的成本管控时，所节约的成本为 55，当只有 $D_2$、$D_3$ 两个责任主体参与单元的成本管控时，所节约的成本为 30，当只有责任主体 $D_1$、$D_3$ 参与成本管控时所节约的成本为 40，当责任主体 $D_1$、$D_2$、$D_3$ 同时参与成本管控时，所节约的成本为 60，即 $v(1)=30$，$v(2)=20$，$v(3)=10$，$v(1,2)=55$，$v(2,3)=30$，$v(1,3)=40$，这里包含责任主体 $D_1$ 的联盟共有四个，分别是 $S\{1\}$，$S\{1,2\}$，$S\{1,3\}$，$S\{1,2,3\}$则：

$$\begin{aligned}r(1)=&\frac{0!\ 2!}{3!}\times(30-0)+\frac{1!\ 1!}{3!}\times(55-20)\ \frac{1!\ 1!}{3!}\\&\times(40-10)+\frac{2!\ 3!}{3!}\times(60-30)\end{aligned} \tag{4.20}$$

$$\begin{aligned}r(2)=&\frac{0!\ 2!}{3!}\times(20-0)+\frac{1!\ 1!}{3!}\times(55-20)\ \frac{1!\ 1!}{3!}\\&\times(30-10)+\frac{2!\ 3!}{3!}\times(60-40)\end{aligned} \tag{4.21}$$

$$\begin{aligned}r(3)=&\frac{0!\ 2!}{3!}\times(10-0)+\frac{1!\ 1!}{3!}\times(40-10)\ \frac{1!\ 1!}{3!}\\&\times(30-20)+\frac{2!\ 3!}{3!}\times(60-55)\end{aligned} \tag{4.22}$$

归一化处理后的各责任主体的责任系数分别为 $r(1)=0.64$，$r(2)=0.27$，$r(3)=0.09$。

## 4.3 基于直觉梯形模糊数的成本责任系数确定方法

直觉梯形模糊数是直觉模糊集的最新表现形式。为了得到更加准确的评价信息,引入梯形数作为参考,同时允许使用不同量纲作为准则,这为风险条件下的责任分配提供了工具。基于直觉梯形模糊数的多属性决策方法已开始引起部分学者的关注[183]。基于成本走廊理论,利用直觉梯形模糊数来科学的确定责任主体的责任大小是实现可视化的成本责任管控的前提,它能让企业的成本责任更加直观地展示。本节将从成本项目权重已知和未知两个角度探讨成本责任系数的确定问题,并以具体煤炭企业为例进行实例分析。

### 4.3.1 成本项目权重已知的基于直觉梯形模糊数的成本责任系数确定

#### 4.3.1.1 准备知识

**定义 4.1** 设 $r_j(j=1,2,\cdots,n)$为一组直觉梯形模糊数,且 GP: $\Omega^n \to \Omega$,若 $\mathrm{GP}(r_1,r_2,\cdots,r_n)=\sum_{j=1}^{n} w_j r_j$,则称 GP 为直觉梯形模糊数的加权算术平均算子。其中 $\Omega$ 为全体直觉梯形模糊数的集合,$w_j$ 为 $r_j$ 的权重。

**定义 4.2(Hamming 距离)** 设 $a_1,a_2$ 是任意的两个直觉梯形模糊数,其中 $a_1=((a_{11},a_{12},a_{13},a_{14});\ \mu_{a_1},v_{a_1})$,$a_2=((a_{21},a_{22},a_{23},a_{24});\ \mu_{a_2},v_{a_2})$,$\mu_{a_2},v_{a_2}$ 分别代表隶属度和非隶属度,则 $a_1,a_2$ 之间的 Hamming 距离为

$$\mathrm{d}(a_1,a_2)=\frac{1}{8}(|(1+\mu_{a_1}-v_{a_1})a_{11}-(1+\mu_{a_2}-v_{a_2})a_{21}|+|(1+\mu_{a_1}-v_{a_1})a_{12}-(1+\mu_{a_2}-v_{a_2})a_{22}|+|(1+\mu_{a_1}-v_{a_1})a_{13}-(1+\mu_{a_2}-v_{a_2})a_{23}|+|(1+\mu_{a_1}-v_{a_1})a_{14}-(1+\mu_{a_2}-v_{a_2})a_{24}|) \tag{4.23}$$

当时,$\mu_{a_1},\mu_{a_2}=1,v_{a_1},v_{a_2}=1$ 时,

$$d(a_1,a_2)=\frac{1}{4}(|a_{11}-a_{21}|+|a_{12}-a_{22}|+|a_{13}-a_{23}|+|a_{14}-a_{24}|) \tag{4.24}$$

**定义 4.3** 设 $a=(a_1,a_2,\cdots,a_n)$，则 $|a|=\sqrt{\sum_{j=1}^{n}a_i{}^2}$ 为向量 $a$ 的模。

**定义 4.4** 对于向量 $a=(a_1,a_2,\cdots,a_n)$ 和完全责任向量 $b=(b_1,b_2,\cdots,b_n)$，称

$$pro_b(a)=\frac{\sum_{j=1}^{n}a_jb_j}{\sum_{j=1}^{n}a_j{}^2\sum_{j=1}^{n}b_j^2}\sum_{j=1}^{n}a_j^2=\frac{\sum_{j=1}^{n}a_jb_j}{\sum_{j=1}^{n}b_j^2} \tag{4.25}$$

为 $a$ 在 $b$ 上的投影，而 $pro_b(a)$ 值越大，则 $a$ 与 $b$ 越接近，则表明责任相关系数 $a$ 越大。

现在考虑煤炭企业成本责任权重的确定问题，假设有 $m$ 个责任主体 $D=\{D_1,D_2,\cdots,D_m\}$，$C=\{C,C_2,\cdots,C_n\}$ 为成本项目集合，责任主体集 $D$ 在成本项目 $C$ 下的模糊责任矩阵为 $(r_{ij})_{m\times n}$，其中 $r_{ij}=([a_{ij},b_{ij},c_{ij},d_{ij}];\ u_{ij},v_{ij})$，为成本责任系数，且有 $a_{ij}\leqslant b_{ij}\leqslant c_{ij}\leqslant d_{ij}$，$0\leqslant u_{ij}\leqslant 1$，$0\leqslant v_{ij}\leqslant 1$，$0\leqslant u_{ij}+v_{ij}\leqslant 1$。$\bar{\omega}=(\bar{\omega}_1,\bar{\omega}_2,\cdots,\bar{\omega}_n)^T$ 是成本项目的权重向量，且权重信息均以实数给出，$\sum_{j=1}^{n}\bar{\omega}_j=1$ 和 $\bar{\omega}_j\geqslant 0(j=1,2,3,\cdots,n)$。

#### 4.3.1.2 基于调和平均算子的责任权重确定方法

当成本项目权重以实数给出时，基于算子 ITWHA 的成本责任系数确定方法如下：

首先，对成本责任相关矩阵进行规范化处理，规范化后的责任相关矩阵表示为 $M=(m_{ij})_{m\times n}$。

然后，对规范化后的成本责任相关矩阵利用 ITWHA 算子对责任相关矩阵的第 $i$ 行成本项目责任系数值进行集结，得到综合成本项目责任系数值。

然后，计算各个责任主体的综合成本项目系数值的得分 $S(r_i)(i=1,2,\cdots,m)$。

最后，利用 $S(r_i)$ 求出各个责任主体的责任系数大小。

#### 4.3.1.3 基于得分函数的责任权重确定方法

当成本项目权重是由实数形式给出时，首先对成本责任相关矩阵进行规范化处理，规范化后的责任相关矩阵表示为 $M=(m_{ij})_{m\times n}$。

计算规范化后的矩阵的各个成本项目的得分 $S(m_{ij})$，那么责任相关矩阵将转化为得分矩阵 $S(m_{ij})_{m\times n}$。

然后，设成本项目权重向量为$(\bar{\omega}_1,\bar{\omega}_2,\cdots,\bar{\omega}_n)^T$，并将规范化后的责任相关矩阵进行加权处理，加权后的责任矩阵记为：$T=(t_{ij})_{m\times n}$，其中 $t_{ij}=\bar{\omega}_j S(m_{ij})$。

然后，找出责任相关矩阵的理想得分向量 $\bar{S}=(\bar{S}_1,\bar{S}_2,\cdots,\bar{S}_n)$，这里 $\bar{S}_j=\max\limits_j(t_{ij}),j=1,2,\cdots,n$。

最后，计算各个责任主体得分向量在理想得分向量上的投影 $p_i$，并将其作为最后的责任系数值进行排序。

当成本项目权重是以直觉梯形模糊数的形式给出来时，我们无法简单地将成本项目进行简单的加权，我们可以求其得分函数，并将各项权重转化为实数形式：

$$\bar{\omega}_j^*=\frac{\bar{S}(\bar{\omega}_j)}{\sum\limits_{j=1}^{n}\bar{S}(\bar{\omega}_j)}\quad(j=1,2,\cdots,n)\tag{4.26}$$

### 4.3.2　成本项目权重未知的基于直觉梯形模糊数的成本责任系数确定

在现实生活的决策中，由于决策者对信息的判断或处理等能力有限，人们很多时候很难准确地给出各属性即成本项目的权重，而通常以未知数形式给出，且满足如下形式的约束条件：

(1) $\bar{\omega}_i\geqslant\bar{\omega}_j,i\neq j$,（表示第 $i$ 项成本的权重大于等于第 $j$ 项成本权重）

(2) $\bar{\omega}_i-\bar{\omega}_j\geqslant\alpha_i$，其中 $\alpha_i$ 为实数。（表示第 $i$ 项成本权重比第 $j$ 项成本权重大 $\alpha_i$）

(3) $\bar{\omega}_i\geqslant\beta_i\bar{\omega}_j$ 其中，$0<\beta_j<1$，$A$ 且为实数。（表示第 $i$ 项成本权重与第 $j$ 项成本权重之比大于等于 $\beta_i$）

(4) $\bar{r}_i\leqslant\bar{\omega}_i\leqslant\bar{r}_i+\varepsilon_i$ 其中，$\bar{r}_i,\varepsilon_i$ 为实数。（表示第 $i$ 项成本权重介于 $\bar{r}_i$ 与 $\bar{r}_i+\varepsilon_i$ 之间）

(5) $\bar{\omega}_i-\bar{\omega}_j\geqslant\bar{\omega}_k-\bar{\omega}_s,j\neq k\neq s$（表示第 $i$ 项成本权重与第 $k$ 项成本权重之

差，大于等于第 $k$ 项成本权重与第 $s$ 项成本权重之差）

这里，$\bar{\omega}=(\bar{\omega}_1,\bar{\omega}_2,\cdots,\bar{\omega}_n)^T$ 表示各项成本的权重向量，其中 $\bar{\omega}_i$ 表示成本项目 $C_i$ 的权重，且满足 $\sum_{j=1}^{n}\bar{\omega}_j=1$ 和 $\bar{\omega}_j\geqslant 0(j=1,2,3,\cdots,n)$。

现在考虑煤炭企业成本责任系数的确定问题，假设有 $m$ 个责任主体 $D=\{D_1,D_2,\cdots,D_m\}$，$C=\{C,C_2,\cdots,C_n\}$为成本项目集合，责任主体集 $D$ 在成本项目 $C$ 下的模糊责任矩阵为$(r_{ij})_{m\times n}$，其中 $r_{ij}=([a_{ij},b_{ij},c_{ij},d_{ij}];u_{ij},v_{ij})$，为成本责任系数，且有 $a_{ij}\leqslant b_{ij}\leqslant c_{ij}\leqslant d_{ij}$，$0\leqslant u_{ij}\leqslant 1$，$0\leqslant v_{ij}\leqslant 1$，$0\leqslant u_{ij}+v_{ij}\leqslant 1$。$\bar{\omega}=(\bar{\omega}_1,\bar{\omega}_2,\cdots,\bar{\omega}_n)^T$ 是成本项目的权重向量，且权重信息不完全，$\sum_{j=1}^{n}\bar{\omega}_j=1$ 和 $\bar{\omega}_j\geqslant 0(j=1,2,3,\cdots,n)$。

#### 4.3.2.1 基于得分函数的责任系数确定方法

在成本项目权重信息不完全已知，且权重为直觉模糊梯形数时，计算成本责任系数步骤如下：

首先，将责任相关矩阵规范化处理，记规范化后的矩阵为 $M=(m_{ij})_{m\times n}$。

然后，将规范化后的责任相关矩阵，计算各个成本项目的得分，记为 $S(m_{ij})$，那么责任相关矩阵将转化为得分矩阵 $S(m_{ij})_{m\times n}$。

然后，设成本项目权重向量为$(\bar{\omega}_1,\bar{\omega}_2,\cdots,\bar{\omega}_n)^T$，并将责任相关矩阵进行加权处理，加权后的责任矩阵记为：$T=(t_{ij})_{m\times n}$，其中 $t_{ij}=\bar{\omega}_j S(m_{ij})$。

然后，找出责任相关矩阵的理想得分向量 $\bar{S}=(\bar{S}_1,\bar{S}_2,\cdots,\bar{S}_n)$，这里 $\bar{S}_j=\max_j(t_{ij})$，$j=1,2,\cdots,n$，并确定各个责任主体每个成本项目的得分向量在理想得分向量上的投影，即：

$$p_i=\frac{\sum_{j=1}^{n}t_{ij}\bar{S}_j}{\sqrt{\sum_{j=1}^{n}\bar{S}_j^2}} \tag{4.27}$$

这里 $i=1,2,3\cdots m$，要想得到投影 $P_i$ 我们需要先确定成本项目权重，利用每个责任主体的各个成本项目得分向量在理想得分向量上的投影越大越好的原理，可建立如下的多目标规划模型：

$$\min P=\min -\sum_{i=1}^{m}p_i=\min \frac{-\sum_{i=1}^{m}\sum_{j=1}^{n}t_{ij}\bar{S}_j}{\sqrt{\sum_{j=1}^{n}\bar{S}_j^2}}$$

$$\text{s.t}\bar{\omega}_j\in\bar{\omega},\quad j=1,2,3,\cdots,n$$

$$\sum_{j=1}^{n}\bar{\omega}_j=1,\quad \bar{\omega}_j\geqslant 0 \tag{4.28}$$

该线性规划模型可以利用 Matlab 及 Lingo 求解,可以得到各个成本项目的权重信息,也可以得到加权后的得分矩阵。

成本项目权重信息求出后,就能够计算加权得分矩阵的理想分向量 $\bar{S}=(\bar{S}_1,\bar{S}_2,\cdots,\bar{S}_n)$,这里 $\bar{S}_j=\max\limits_{j}(t_{ij}),j=1,2,\cdots,n$。

最后,计算各个方案的成本项目得分向量在理想得分向量上的投影 $p_i$,并将其作为最后的责任系数值进行排序。

#### 4.3.2.2 基于距离的责任系数确定方法

本书在文献的方法基础上,基于距离函数,提出了一种成本项目权重信息不完全已知,并且成本项目权重为直觉梯形模糊数的责任主体权重确定方法,下面给出具体的方法说明:

首先,将责任相关矩阵规范化处理,记规范化后的矩阵为 $M=(m_{ij})_{m\times n}$。

然后,对规范化后的责任系数矩阵,找出各成本项目的正理想解与负理想解,分别记为

$$G_j^+=([\max_i a_{ij},\max_i b_{ij},\max_i c_{ij},\max_i d_{ij}];\ 1,0) \tag{4.29}$$

$$G_j^-=([\min_i a_{ij},\min_i b_{ij},\min_i c_{ij},\min_i d_{ij}];\ 0,1) \tag{4.30}$$

然后,由公式(4.17)计算出各责任主体的责任相关系数与正负理想解的距离,分别记作:$d_{ij}^+,d_{ij}^-$,这里 $d_{ij}^+=d(a_{ij},G_{ij}^+),d_{ij}^-=d(a_{ij},G_{ij}^-)$。

然后,求出各 $d_{ij}^+,d_{ij}^-$ 的最大距离差 $d_{\max}^+,d_{\max}^-$ 与最小距离差 $d_{\min}^+,d_{\min}^-$,$d_{\max}^+=\max\limits_{ij}d_{ij}^+,d_{\min}^+=\min\limits_{ij}d_{ij}^+,d_{\max}^-=\max\limits_{ij}d_{ij}^-,d_{\min}^-=\min\limits_{ij}d_{ij}^-$

然后,计算各责任主体责任相关系数与正负理想解之间的关联系数 $\varepsilon_{ij}^+,\varepsilon_{ij}^-$,则责任相关矩阵分别转化为关联系数矩阵 $P_1=(\varepsilon_{ij}^+)_{m\times n},P_2=(\varepsilon_{ij}^-)_{m\times n}$ 与其中

关联系数公式为

$$\varepsilon_{ij}^{+}=\frac{d_{\min}^{+}+\delta d_{\max}^{+}}{d_{ij}^{+}+\delta d_{\max}^{+}}$$

$$\varepsilon_{ij}^{-}=\frac{d_{\min}^{-}+\delta d_{\max}^{-}}{d_{ij}^{-}+\delta d_{\max}^{-}} \tag{4.31}$$

这里 $\delta$ 为分辨系数，一般取值为 0.5。

然后，计算各责任主体与正负理想解之间的关联系数

$$\varepsilon_{i}^{+}=\sum_{j=1}^{n}\bar{\omega}_{j}\varepsilon_{ij}^{+},\quad \varepsilon_{j}^{-}=\sum_{j=1}^{n}\bar{\omega}_{j}\varepsilon_{ij}^{-} \tag{4.32}$$

为了求得成本项目权重向量建立如下的先行规划模型：

$$\min P_{2}=\min\sum_{i=1}^{m}\sum_{j=1}^{n}\bar{\omega}_{j}(\varepsilon_{ij}^{+}-\varepsilon_{ij}^{-})$$

$$\text{s. t}\bar{\omega}_{j}\in\bar{\omega},\quad j=1,2,3,\cdots,n$$

$$\sum_{j=1}^{n}\bar{\omega}_{j}=1,\quad \bar{\omega}_{j}\geqslant 0 \tag{4.33}$$

该线性规划模型可用 matlab 求解，得到权重向量 $\bar{\omega}=(\bar{\omega}_{1},\bar{\omega}_{2},\cdots,\bar{\omega}_{n})^{T}$。

最后计算各个责任主体对正理想解的相对关联度 $\varepsilon_{i}=\dfrac{\varepsilon_{i}^{+}}{\varepsilon_{i}^{+}+\varepsilon_{i}^{-}}$，并将 $\varepsilon_{i}$ 作为最后的责任主体的责任系数大小。

## 4.3.3 基于 LUBA 与直觉梯形模糊数的成本责任系数确定模型

### 4.3.3.1 单元责任系数的确定

本部分基于成本走廊理论体系，利用直觉模糊相关方法对煤炭企业的成本发生责任进行量化研究。一方面能够发挥成本走廊理论的优势，把原本复杂的成本结构用成本走廊清晰、形象地展现出来，能够突出各个成本发生项与各责任主体之间的内在逻辑关系，还原成本发生的时间、空间等真实属性。能够为可视化的成本责任管控提供保障，有利于形成简洁、直观、高效的可视化成本责任管控模式，提高成本责任管控方法在煤炭企业的实用性，降低成本管理代价，提高成本管控收益。另一方面能够发挥直觉模糊理论的优势，把实际决策中遇到的不确定的、复杂的问题用梯形模糊数的形式表示出来，并且考虑了属性之间的交

互作用，对提高煤炭企业的成本管理水平具有重要的意义。

为了更清楚地描述某煤炭企业成本责任相关系数的确定问题，我们用成本责任相关矩阵来表示各责任主体与成本项之间的关系，假设某煤炭企业某单元有 $m_1$ 个单元成本项，如作业流程所涉及的材料成本、人工成本、管理成本等，设为 $C_1, C_2, \cdots, C_{m_1}$。$m_2$ 个相应区线，块线成本分摊到此单元的项目，如电力消耗和折旧费用，这些费用无法被归集到具体的某个单元、块、区，因此作为共用的线成本来处理，设为 $C_1, C_2, \cdots, C_{m_2}$，令 $m = m_1 + m_2$，则该单元的成本项可表示为 $C_1, C_2, \cdots, C_m$。一项成本的发生往往不完全是一个部门的责任，如占成本比重比较大的材料成本的发生，不仅与其使用部门的消耗情况和回收利用情况有关系，还与材料的发放管理部门有关系，一些井下的材料还涉及材料的保养和维护，这就使得材料成本的发生还与检修部门、安监部门、电讯部门等有一定的关系。为了关注成本责任构成的全部，并对成本责任有一个全面的认识，假设某企业有 $n$ 个责任主体，设为 $D_1, D_2, \cdots, D_n$。

则该单元的成本责任相关矩阵是以 $C_j$ 为列 $D_i$ 为行构建表格，交叉位置即为 $C_j$ 与 $D_i$ 的责任相关系数 $r_{ij}$，如表 4-1 所示。

**表 4-1　成本项与责任主体的责任对应关系表**

| 成本项目 $C_j$ / 责任主体项 $D_i$ | $C_1$ | $C_2$ | $\cdots$ | $C_m$ |
|---|---|---|---|---|
| $D_1$ | $r_{11}$ | $r_{12}$ | $\cdots$ | $r_{1m}$ |
| $D_2$ | $r_{21}$ | $r_{22}$ | $\cdots$ | $r_{2m}$ |
| $\vdots$ | $\vdots$ | $\vdots$ | $\ddots$ | $\vdots$ |
| $D_n$ | $r_{n1}$ | $r_{n2}$ | $\cdots$ | $r_{nm}$ |

由此，我们可以得到该单元的责任相关矩阵，则该单元的责任相关矩阵是一个由直觉梯形模糊数所组成的 $n$ 行 $m$ 列的矩阵，表示为 $D = (r_{ij})_{nm}$。其中前 $m_1$ 列为单元成本项目的模糊责任系数，后 $m_2$ 列为各区、块线成本分摊到该单元的成本对应的模糊责任系数。设

$$r_{ij} = ([h_{1j}(D_i), h_{2j}(D_i), h_{3j}(D_i), h_{4j}(D_i)];\ \mu_j(D_i), \vartheta_j(D_i)) \tag{4.34}$$

为责任主体 $D_i$ 在准则 $C_j$ 下的直觉梯形模糊数，可以通过调查问卷之后的

统计分析的方法获得，其中 $\mu_j(D_i)$ 表示责任主体对成本项的责任系数属于直觉梯形模糊数 $[h_{1j}(D_i), h_{2j}(D_i), h_{3j}(D_i), h_{4j}(D_i)]$ 的程度，$\vartheta_j(D_i)$ 表示责任主体对成本项的责任系数不属于直觉梯形模糊数 $[h_{1j}(D_i), h_{2j}(D_i), h_{3j}(D_i), h_{4j}(D_i)]$ 的程度，$0 \leqslant \mu_j(D_i) \leqslant 1, 0 \leqslant \vartheta_j(D_i) \leqslant 1, 0 \leqslant \mu_j(D_i) + \vartheta_j(D_i) \leqslant 1$。下面我们就各责任主体对单元 $U_1$ 的责任系数向量进行分析，设成本项目对应的权重向量为 $\omega = \{\omega_1, \omega_2, \cdots, \omega_m\}$，且 $\omega_i \in [0,1]$，$\sum_{i=1}^{m} \omega_i = 1$。

首先，为了消除不同物理量纲对决策结果的影响，利用规范模糊决策矩阵的计算公式，将责任相关矩阵 $D=(r_{ij})_{nm}$ 中梯形模糊数组成的矩阵 $T=(t_{ij})_{nm}$，$t_{ij} = [h_{1j}(D_i), h_{2j}(D_i), h_{3j}(D_i), h_{4j}(D_i)]$ 转化为规范化矩阵，$M=(m_{ij})_{nm}$，$m_{ij} = [m_{ij}^1, m_{ij}^2, m_{ij}^3, m_{ij}^4]$，其中 $m_{ij} = \dfrac{\max\limits_j(h_{4j}(D_i) - h_{kj}(D_i))}{\max\limits_j(h_{4j}(D_i) - \min\limits_j(h_{1j}(D_i)))}$，$k=1,2,3,4$，设规范化后的矩阵为 $D'=(r'_{ij})_{n\times m}$。然后利用 $GP$ 算子求出各方案的综合梯形模糊数 $D'_i = GP(r'_{i1}, r'_{i2}, \cdots, r'_{iN}) = \sum_{j=1}^{n} \omega_j r'_{ij}$。然后建立正理想解 $G_j^+$，$G_j^+ = ([\max(m_{ij}^1), \max(m_{ij}^2), \max(m_{ij}^3), \max(m_{ij}^4);\ 1, 0])$，在准则 $C_j$ 下相对与最大模糊数的隶属度为 1，非隶属度为 0。负理想解 $G_j^-$，$G_j^- = ([\min(m_{ij}^1), \min(m_{ij}^2), \min(m_{ij}^3), \min(m_{ij}^4);\ 1, 0])$，在准则 $C_j$ 下相对于最小模糊数的隶属度为 0，非隶属度为 1[14-16]。

其次求出责任主体 $D_i$ 综合直觉模糊数 $D'_i$ 与正负理想解的距离分别记为 $d_i^+, d_i^-$，其中

$$d_i^+ = d(D'_i, G^+) = \sum_{j=1}^{m} \omega_j d(r'_{ij}, G_j^+) \tag{4.35}$$

$$d_i^- = d(D'_i, G^-) = \sum_{j=1}^{m} \omega_j d(r'_{ij}, G_j^-) \tag{4.36}$$

最后计算出相对贴进度 $d_i^0 = \dfrac{d_i^+}{d_i^+ + d_i^-}$，并做归一化处理后作为最后的责任相关系数。不妨设其责任系数排序为 $(r_1^{U_1}, r_2^{U_1}, \cdots, r_n^{U_1})$，用同样的方法可求出 $U_2$ 单元的责任相关系数及其排序。

#### 4.3.3.2 块、区成本责任系数确定

求出单元成本责任系数后，下面我们来合成块成本、区成本的责任相关系数。假设该单元所在的区成本 LUBA 管理结构如下，其中假设各区线、块线成本已经分摊到相应的单元中，即这里的单元中包括自身的单元成本项和线成本的分摊项，这里就不再做特殊处理。

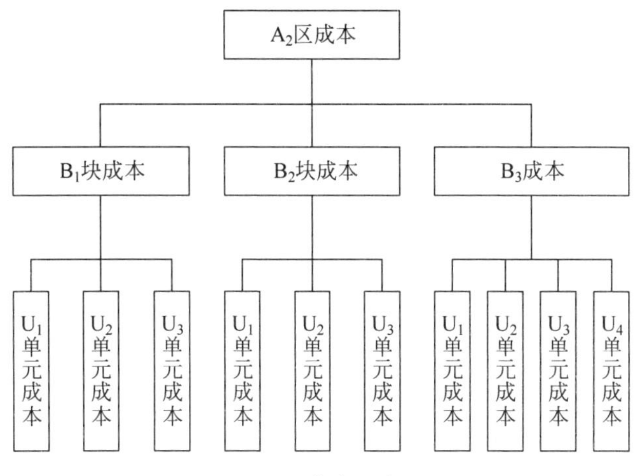


**图 4-1　成本层次图**

设 $B_1$ 块中的 $U_1$ 单元责任主体的责任相关系数向量为 $r^{U_1}=(r_1^{U_1},r_2^{U_1},\cdots,r_n^{U_1})$，$B_1$ 块中的 $U_2$ 单元责任相关系数向量为 $r^{U_2}=(r_1^{U_2},r_2^{U_2},\cdots,r_n^{U_2})$，$B_1$ 块中的 $U_3$ 单元责任相关系数向量为 $r^{U_3}=(r_1^{U_3},r_2^{U_3},\cdots,r_n^{U_3})$，假设上图中 $B_1$ 块成本中各个单元成本的相对于块成本的重要性权重为 $\rho^U=(\rho_1^U,\rho_2^U,\rho_3^U)$，则 $B_1$ 块成本责任主体的责任相关系数为 $r^{B_1}=(r^{U_1},r^{U_2},r^{U_3})(\rho^U)'$，同理 $B_2$、$B_3$ 块成本责任主体的责任相关系数为 $r^{B_2}$，$r^{B_3}$，设 $B_1$、$B_2$、$B_3$ 块成本在 $A_2$ 区成本中所占的权重分别为 $\rho^B=(\rho_1^B,\rho_2^B,\rho_3^B)$，则 $A_2$ 区成本的责任相关系数为

$$r^{A_2}=r^B(\rho^B)'=(r^{B_1},r^{B_2},r^{B_3})(\rho_1^B,\rho_2^B,\rho_3^B)' \tag{4.37}$$

依据上文中描述的方法就能求得相应的各单元成本、块成本、区成本的责任相关主体的责任相关系数向量，就可以解决当几个不同区的不同单元成本超过了目标成本并最终引起了区成本异常时，如何对相应的责任主体进行定责的问

题,为煤炭企业的成本责任管理提供了理论依据。

如当设 $B_1$ 块中的 $U_1$ 单元与设 $B_2$ 块中的 $U_2$ 单元成本同时发生异常,并对最终的 $A_2$ 区成本异常情况产生影响时,则 $A_2$ 区各个责任主体的责任情况为 $\rho_1^B r^{U_1} \rho_1^U + \rho_2^B r^{U_2} \rho_2^U$,其中 $r^{U_1} \rho_1^U$ 表示 $B_1$ 块中的 $U_1$ 单元在 $B_1$ 中的权重系数向量,$r^{U_2} \rho_2^U$ 表示 $B_2$ 块中的 $U_2$ 单元在 $B_2$ 中的权重系数向量,$\rho_1^B$,$\rho_2^B$ 分别表示 $B_1$ 块与 $B_2$ 块在 $A_2$ 中的权重。

### 4.3.4 成本责任系数确定实例

为了进一步说明以 LUBA 理论为基础,基于直觉梯形模糊数的煤炭企业成本责任系数的确定问题,我们以 SM 煤矿的井下生产区成本中的回采块成本为例,采用本章前面章节论述的方法,确定成本责任系数的大小。由前面可知,在回采块成本中,设置了割煤、装煤、运煤、支护、采空区处理五个单元成本。我们以割煤单元为例来说明割煤单元的成本责任权重的确定方法。下面具体分析确定过程。

第一步,明确割煤单元的全部责任主体,包括部门责任主体与个人责任主体。我们确定割煤单元的部门责任主体有:综采队、掘进队、机电队、运输队、通风区、生产技术部、人力资源部、安监部、调度室、经营管理部、供应部,其中:综采队、通风区、机电队、运输队属于井下生产各部门;生产技术部、人力资源部、安监部、调度室属于地面生产部门;经营管理部、供应部属于经营管理部门。

个人责任主体包括执行层面的个人责任主体,具体指的是每一项工作的具体执行人员;管理层面的责任主体是指各个对组以及各个部门的部门管理者;领导层面的责任主体是指总经理、总工程师、生产副总经理、机电副总经理、经营副总经理、安全副总经理。

割煤单元所需要管理的成本项目包括配件、专用工具、油脂及乳化液、职工薪酬、其他费用,以及属于线成本的电力和折旧这七个成本项目(这里之所以对煤炭企业的折旧进行讨论,是因为固定成本在煤炭企业中所占的比重非常大,将折旧在 LUBA 成本管理模型上以线成本的方式进行体现,并在具体单元成本管理时将折旧进行分摊,能够使得管理者清楚地了解到大型设备等固定资产在特定时空属性下的应用情况，提高固定工时下机器设备的利用效率)。

设计调查问卷(见附录 A)，向 SM 煤矿与煤炭科工集团各发放 50 份后收回，其中有效问卷 98 份，根据收回的问卷情况，确定每一个直觉梯形模糊数的区间以及根据调查问卷数据的各项责任统计分布情况确定隶属度和非隶属度，以部门责任主体为例，由调查问卷的数据得到下面的由直觉梯形模糊数组成的责任情况表。成本责任模糊相关矩阵，如表 4-2 所示。

**表 4-2 成本责任模糊相关矩阵**

| 成本项目<br>责任主体 | 配件 | 专用工具 | 油脂及乳化液 | 职工薪酬 | 其他费用 | 电力 | 折旧 |
|---|---|---|---|---|---|---|---|
| 综采队 | [(6,7,8,9);0.8,0.1] | [(6,7,8,9);0.6,0.2] | [(6,7,8,9);0.9,0.1] | [(4,5,6,7);0.7,0.2] | [(5,6,7,8);0.8,0.2] | [(2,3,4,5);0.8,0.1] | [(1,2,3,4);0.9,0.1] |
| 机电队 | [(6,7,8,9);0.6,0.3] | [(5,6,7,8);0.7,0,3] | [(5,6,7,8);0.8,0.1] | [(3,4,5,6);0.8,0.2] | [(3,4,5,6);0.6,0.3] | [(4,5,6,7);0.8,0.1] | [(4,5,6,7);0.8,0.2] |
| 运输队 | [(4,5,6,7);0.8,0.2] | [(4,5,6,7);0.9,0.1] | [(5,6,7,8);0.8,0.2] | [(3,4,5,6);0.8,0.2] | [(2,3,4,5);0.9,0.1] | [(2,3,4,5);0.8,0.2] | [(1,2,3,4);0.7,0.1] |
| 掘进队 | [(3,4,5,6);0.5,0.5] | [(2,3,4,5);0.8,0.2] | [(2,3,4,5);0.7,0.3] | [(4,5,6,7);0.8,0.1] | [(3,4,5,6);0,7,0.3] | [(2,3,4,5);0,6,0.3] | [(1,2,3,4);0.8,0.2] |
| 通风区 | [(2,3,4,5);0.6.0.3] | [(3,4,5,6);0.7,0.3] | [(4,5,6,7);0.8,0.2] | [(3,4,5,6);0.8,0.2] | [(2,3,4,5);0.7,0.3] | [(2,3,4,5);0.6,0.4] | [(1,2,3,4);0.7,0.3] |
| 生产技术部 | [(2,3,4,5);0.6,0,4] | [(2,3,4,5);0.8,0.2] | [(3,4,5,6);0.7,0.3] | [(2,3,4,5);0.8,0.2] | [(2,3,4,5);0.7,0.3] | [(1,2,3,4);0.8,0.2] | [(2,3,4,5);0.7,0.3] |
| 安监部 | [(2,2.5,3,4);0.6,0.3] | [(2,3,4,5);0.8,0.2] | [(3,4,5,6);0.8,0.2] | [(2,3,4,5);0.8,0.2)] | [(1,2,3,4);0.7,0.3] | [(1,2,3,4);0.7,0.3] | [(1,2,3,4);0.7,0.3] |
| 调度室 | [(1,2,3,4);0.8,0.2] | [(2,3,4,5);0.7,0.3] | [(1,2,3,4);0.8,0.2] | [(2,3,4,5);0.8,0.2] | [(1,2,3,4);0.8,0.2] | [(2,3,4,5);0.8,0.2] | [(1,2,3,4);0.7,0.3] |
| 经营管理部 | [(2,3,4,5);0.8,0.2] | [(3,4,5,6);0,7,0.2] | [(2,3,4,5);0.7,0.3] | [(2,3,4,5);0.6,0.3] | [(3,4,5,6);0.8,0.2] | [(1,2,3,4);(0.8,0.2)] | [(1,2,3,4);(0.7,0.2)] |
| 供应部部长 | [(6,7,8,9);0.7,0.2] | [(5,6,7,8);0.8,0.2] | [(5,6,7,8);0.8,0.2] | [(1,2,3,4);0.8,0.2] | [(2,3,4,5);0.8,0.2)] | [(1,2,3,4);0.7,0.2] | [(1,2,3,4);0.8,0.2] |
| 人力资源部 | [(1,2,3,4);0.8,0.2] | [(1,2,3,4);0.7,0.2] | [(1,2,3,4);0.9,0.1] | [(5,6,7,8);0.7,0.2] | [(2,3,4,5);0.8,0.1] | [(1,2,3,4);0.7,0.3] | [(1,2,3,4);0.6,0.3] |

第二步，将上面割煤单元的成本责任情况表转化为下面的规范形式，如表 4-3 所示。

**表 4-3　成本责任模糊规范矩阵**

| 成本项目<br>责任主体 | 配件 | 专用工具 | 油脂及乳化液 | 职工薪酬 | 其他费用 | 电力 | 折旧 |
|---|---|---|---|---|---|---|---|
| 综采队 | [(6,7,8,9); 0.8,0.1] | [(6,7,8,9); 0.6,0,2] | [(6,7,8,9); 0.9,0.1] | [(4,5,6,7); 0.7,0.2] | [(5,6,7,8); 0.8,0.2] | [(2,3,4,5); 0.8,0.1] | [(1,2,3,4); 0.9,0.1] |
| 机电队 | [(6,7,8,9); 0.6,0.3] | [(5,6,7,8); 0.7,0,3] | [(5,6,7,8); 0.8,0.1] | [(3,4,5,6); 0.8,0.2] | [(3,4,5,6); 0.6,0.3] | [(4,5,6,7); 0.8,0.1] | [(4,5,6,7); 0.8,0.2] |
| 运输队 | [(4,5,6,7); 0.8,0.2] | [(4,5,6,7); 0.9,0.1] | [(5,6,7,8); 0.8,0.2] | [(3,4,5,6); 0.8,0.2] | [(2,3,4,5); 0.9,0.1] | [(2,3,4,5); 0.8,0.2] | [(1,2,3,4); 0.7,0.1] |
| 掘进队 | [(3,4,5,6); 0.5,0.5] | [(2,3,4,5); 0.8,0.2] | [(2,3,4,5); 0.7,0.3] | [(4,5,6,7); 0.8,0.1] | [(3,4,5,6); 0,7,0.3] | [(2,3,4,5); 0,6,0.3] | [(1,2,3,4); 0.8,0.2] |
| 通风区 | [(2,3,4,5); 0.6.0.3] | [(3,4,5,6); 0.7,0.3] | [(4,5,6,7); 0.8,0.2] | [(3,4,5,6); 0.8,0.2] | [(2,3,4,5); 0.7,0.3] | [(2,3,4,5); 0.6,0.4] | [(1,2,3,4); 0.7,0.3] |
| 生产技术部 | [(2,3,4,5); 0.6,0,4] | [(2,3,4,5); 0.8,0.2] | [(3,4,5,6); 0.7,0.3] | [(2,3,4,5); 0.8,0.2] | [(2,3,4,5); 0.7,0.3] | [(1,2,3,4); 0.8,0.2] | [(2,3,4,5); 0.7,0.3] |
| 安监部 | [(2,2.5,3,4); 0.6,0.3] | [(2,3,4,5); 0.8,0.2] | [(3,4,5,6); 0.8,0.2] | [(2,3,4,5); (0.8,0.2)] | [(1,2,3,4); 0.7,0.3] | [(1,2,3,4); 0.7,0.3] | [(1,2,3,4); 0.7,0.3] |
| 调度室 | [(1,2,3,4); 0.8,0.2] | [(2,3,4,5); 0.7,0.3] | [(1,2,3,4); 0.8,0.2] | [(2,3,4,5); 0.8,0.2] | [(1,2,3,4); 0.8,0.2] | [(2,3,4,5); 0.8,0.2] | [(1,2,3,4); 0.7,0.3] |
| 经营管理部 | [(2,3,4,5); 0.8,0.2] | [(3,4,5,6); 0,7,0.2] | [(2,3,4,5); 0.7,0.3] | [(2,3,4,5); 0.6,0.3] | [(3,4,5,6); 0.8,0.2] | [(1,2,3,4); (0.8,0.2)] | [(1,2,3,4); (0.7,0.2)] |
| 供应部 | [(6,7,8,9); 0.7,0.2] | [(5,6,7,8); 0.8,0.2] | [(5,6,7,8); 0.8,0.2] | [(1,2,3,4); 0.8,0.2] | [(2,3,4,5); (0.8,0.2)] | [(1,2,3,4); 0.7,0.2] | [(1,2,3,4); 0.8,0.2] |
| 人力资源部 | [(1,2,3,4); 0.8,0.2] | [(1,2,3,4); 0.7,0.2] | [(1,2,3,4); 0.9,0.1] | [(5,6,7,8); 0.7,0.2] | [(2,3,4,5); 0.8,0.1] | [(1,2,3,4); 0.7,0.3] | [(1,2,3,4); 0.6,0.3] |

第三步，对规范化后的矩阵找出各个成本项目的正理想解与负理想解。

$$G_j^+ = ([\max_i a_{ij}, \max_i b_{ij}, \max_i c_{ij}, \max_i d_{ij}];\ 1,0) \tag{4.38}$$

$$G_j^- = ([\min_i a_{ij}, \min_i b_{ij}, \min_i c_{ij}, \min_i d_{ij}];\ 0,1) \tag{4.39}$$

则正理想向量为 $G^+ = (G_1^+, G_2^+, \cdots, G_n^+)$

即为

$$G^+ = (([6,7,8,9];\ 1,0)([6,7,8,9];\ 1,0)([6,7,8,9];\ 1,0)([5,6,7,8];\ 1,0) ([5,6,7,8];\ 1,0)([4,5,6,7];\ 1,0)([4,5,6,7];\ 1,0)) \tag{4.40}$$

$$G^{-}=([1,2,3,4];0,1)([1,2,3,4];0,1)([1,2,3,4];0,1)([1,2,3,4];0,1)([1,2,3,4];0,1)([1,2,3,4];0,1)([1,2,3,4];0,1) \tag{4.41}$$

第四步，计算各个责任系数与正负理想解的距离，并求出最小与最大距离差，并相应的得出各个责任系数对于正负理想解的关联系数矩阵。各个责任系数与正理想解的距离，如表 4-4 所示。

**表 4-4　正理想距离对应表**

| 责任主体＼成本项目 | 配件 | 专用工具 | 油脂及乳化液 | 职工薪酬 | 其他费用 | 电力 | 折旧 |
|---|---|---|---|---|---|---|---|
| 综采队 | 1.125 0 | 2.250 0 | 0.750 0 | 2.375 0 | 1.300 0 | 2.525 0 | 3.250 0 |
| 机电队 | 2.625 0 | 2.950 0 | 1.975 0 | 2.900 0 | 3.575 0 | 0.825 0 | 1.100 0 |
| 运输队 | 3.100 0 | 2.550 0 | 2.300 0 | 2.900 0 | 3.350 0 | 2.525 0 | 3.500 0 |
| 掘进队 | 5.250 0 | 4.700 0 | 5.050 0 | 1.825 0 | 3.350 0 | 3.225 0 | 3.500 0 |
| 通风区 | 5.225 0 | 4.350 0 | 3.100 0 | 2.900 0 | 4.050 0 | 3.400 0 | 3.750 0 |
| 生产技术部 | 5.4000 | 4.7000 | 4.350 0 | 3.700 0 | 4.050 0 | 3.500 0 | 3.050 0 |
| 安监部 | 5.631 2 | 4.700 0 | 3.900 0 | 3.700 0 | 4.750 0 | 3.750 0 | 3.750 0 |
| 调度室 | 5.500 0 | 5.050 0 | 5.500 0 | 3.700 0 | 4.500 0 | 2.525 0 | 3.750 0 |
| 经营管理部 | 4.700 0 | 4.125 0 | 5.050 0 | 4.225 0 | 2.900 0 | 3.500 0 | 3.625 0 |
| 供应部 | 1.875 0 | 2.300 0 | 2.300 0 | 4.500 0 | 3.700 0 | 3.625 0 | 3.500 0 |
| 人力资源部 | 5.500 0 | 5.625 0 | 5.250 0 | 1.625 0 | 3.525 0 | 3.750 0 | 3.875 0 |

各个责任系数与负理想解的距离，如表 4-5 所示。

**表 4-5　负理想距离对应表**

| 责任主体＼成本项目 | 配件 | 专用工具 | 油脂及乳化液 | 职工薪酬 | 其他费用 | 电力 | 折旧 |
|---|---|---|---|---|---|---|---|
| 综采队 | 6.375 0 | 5.250 0 | 6.750 0 | 4.125 0 | 5.200 0 | 2.975 0 | 2.250 0 |
| 机电队 | 4.875 0 | 4.550 0 | 5.525 0 | 3.600 0 | 2.925 0 | 4.675 0 | 4.875 0 |
| 运输队 | 4.875 0 | 4.950 0 | 5.200 0 | 3.600 0 | 3.150 0 | 2.800 0 | 2.000 0 |
| 掘进队 | 2.250 0 | 2.800 0 | 2.450 0 | 4.675 0 | 3.150 0 | 2.275 0 | 2.000 0 |
| 通风区 | 2.275 0 | 3.150 0 | 4.400 0 | 3.600 0 | 2.450 0 | 2.100 0 | 1.750 0 |
| 生产技术部 | 2.100 0 | 2.800 0 | 3.150 0 | 2.800 0 | 2.450 0 | 2.000 0 | 2.450 0 |
| 安监部 | 1.868 7 | 2.800 0 | 3.600 0 | 2.800 0 | 1.750 0 | 1.750 0 | 1.750 0 |
| 调度室 | 2.000 0 | 2.450 0 | 2.000 0 | 2.800 0 | 2.000 0 | 2.800 0 | 1.750 0 |
| 经营管理部 | 2.800 0 | 3.375 0 | 2.450 0 | 2.275 0 | 3.600 0 | 2.000 0 | 1.875 0 |
| 供应部 | 5.625 0 | 5.200 0 | 5.200 0 | 2.000 0 | 2.800 0 | 1.875 0 | 2.000 0 |
| 人力资源部 | 2.000 0 | 1.875 0 | 2.250 0 | 4.875 0 | 2.975 0 | 1.750 0 | 1.625 0 |

可知，$d_{max}^{+}=5.6250$，$d_{max}^{-}=6.7500$，$d_{min}^{+}=0.7500$，$d_{min}^{-}=1.6250$

则正理想解的关联系数矩阵，如表 4-6 所示。

表 4-6　正理想关联矩阵

| | | | | | | |
|---|---|---|---|---|---|---|
| 0.904 8 | 0.703 7 | 1.000 0 | 0.686 7 | 0.866 3 | 0.667 4 | 0.587 6 |
| 0.655 2 | 0.618 2 | 0.744 1 | 0.623 6 | 0.557 7 | 0.979 4 | 0.910 5 |
| 0.602 5 | 0.664 3 | 0.696 8 | 0.623 6 | 0.578 1 | 0.667 4 | 0.564 4 |
| 0.441 9 | 0.474 2 | 0.453 1 | 0.768 2 | 0.578 1 | 0.590 1 | 0.564 4 |
| 0.443 2 | 0.497 4 | 0.602 5 | 0.623 6 | 0.519 1 | 0.573 4 | 0.542 9 |
| 0.433 8 | 0.474 2 | 0.497 4 | 0.547 0 | 0.519 1 | 0.564 4 | 0.607 7 |
| 0.421 9 | 0.474 2 | 0.530 7 | 0.547 0 | 0.471 1 | 0.542 9 | 0.542 9 |
| 0.428 6 | 0.453 1 | 0.428 6 | 0.547 0 | 0.487 2 | 0.667 4 | 0.542 9 |
| 0.474 2 | 0.513 5 | 0.453 1 | 0.506 2 | 0.623 6 | 0.564 4 | 0.553 4 |
| 0.760 0 | 0.696 8 | 0.696 8 | 0.487 2 | 0.547 0 | 0.553 4 | 0.564 4 |
| 0.428 6 | 0.422 2 | 0.441 9 | 0.802 8 | 0.562 1 | 0.542 9 | 0.532 7 |

则负理想解的关联系数矩阵，如表 4-7 所示。

表 4-7　负理想关联矩阵

| | | | | | | |
|---|---|---|---|---|---|---|
| 0.296 3 | 0.355 6 | 0.280 7 | 0.444 4 | 0.358 7 | 0.597 0 | 0.761 9 |
| 0.381 0 | 0.406 1 | 0.339 0 | 0.503 1 | 0.606 1 | 0.396 0 | 0.381 0 |
| 0.381 0 | 0.375 6 | 0.358 7 | 0.503 1 | 0.567 4 | 0.629 9 | 0.842 1 |
| 0.761 9 | 0.629 9 | 0.708 0 | 0.396 0 | 0.567 4 | 0.754 7 | 0.842 1 |
| 0.754 7 | 0.567 4 | 0.418 8 | 0.503 1 | 0.708 0 | 0.808 1 | 0.941 2 |
| 0.808 1 | 0.629 9 | 0.567 4 | 0.629 9 | 0.708 0 | 0.842 1 | 0.708 0 |
| 0.891 4 | 0.629 9 | 0.503 1 | 0.629 9 | 0.941 2 | 0.941 2 | 0.941 2 |
| 0.842 1 | 0.708 0 | 0.842 1 | 0.629 9 | 0.842 1 | 0.629 9 | 0.941 2 |
| 0.629 9 | 0.533 3 | 0.708 0 | 0.754 7 | 0.503 1 | 0.842 1 | 0.888 9 |
| 0.333 3 | 0.358 7 | 0.358 7 | 0.842 1 | 0.629 9 | 0.888 9 | 0.842 1 |
| 0.842 1 | 0.888 9 | 0.761 9 | 0.381 0 | 0.597 0 | 0.941 2 | 1.000 0 |

第五步，根据建立的单目标线性规划，求出各个成本项目在割煤单元的权重系数，这里

$0.2 \leqslant \bar{\omega}_1 \leqslant 0.4, 0.1 \leqslant \bar{\omega}_2 \leqslant 0.2, 0.2 \leqslant \bar{\omega}_3 \leqslant 0.3, 0.3 \leqslant \bar{\omega}_4 \leqslant 0.4,$

$0.06 \leqslant \bar{\omega}_5 \leqslant 0.1, 0.03 \leqslant \bar{\omega}_6 \leqslant 0.1, 0.05 \leqslant \bar{\omega}_7 \leqslant 0.1$

且

$$\bar{\omega}_4 \geqslant \bar{\omega}_1 \geqslant \bar{\omega}_3 \geqslant \bar{\omega}_2 \geqslant \bar{\omega}_5 \geqslant \bar{\omega}_7 \geqslant \bar{\omega}_6$$

则由 matlab 求解线性规划的功能,可以计算得出:

$\bar{\omega}_1 = 0.2, \bar{\omega}_2 = 0.1, \bar{\omega}_3 = 0.2, \bar{\omega}_4 = 0.3, \bar{\omega}_5 = 0.085, \bar{\omega}_5 = 0.03, \bar{\omega}_5 = 0.085$

第六步,计算各责任主体与正负理想解之间的关联系数

$$\varepsilon_i^+ = \sum_{j=1}^{n} \bar{\omega}_j \varepsilon_{ij}^+ \tag{4.42}$$

$$\varepsilon_j^- = \sum_{j=1}^{n} \bar{\omega}_j \varepsilon_{ij}^- \tag{4.43}$$

$\varepsilon_1^+ = 0.8009, \varepsilon_2^+ = 0.6829, \varepsilon_3^+ = 0.6305, \varepsilon_4^+ = 0.5717, \varepsilon_5^+ = 0.5534,$

$\varepsilon_6^+ = 0.5105, \varepsilon_7^+ = 0.5045, \varepsilon_8^+ = 0.4884, \varepsilon_9^+ = 0.5056, \varepsilon_{10}^+ = 0.6183, \varepsilon_{11}^+ = 0.5665$

$\varepsilon_1^- = 0.3974, \varepsilon_2^- = 0.4313, \varepsilon_3^- = 0.4751, \varepsilon_4^- = 0.6182, \varepsilon_5^- = 0.6068,$

$\varepsilon_6^- = 0.6727, \varepsilon_7^- = 0.7191, \varepsilon_8^- = 0.7671, \varepsilon_9^- = 0.6909, \varepsilon_{10}^- = 0.5787, \varepsilon_{11}^- = 0.6880$

第七步,计算出各个责任主体对于正负理想解的相对关联度,即责任主体的责任系数。

由贴进度公式可得各个责任主体的责任系数为

(0.668 3,0.612 9,0.570 3,0.479 6,0.477 1,0.431 5,0.412 3,0.389 0,0.422 6,0.516 5,0.451 6)

归一化处理后的割煤单元部门责任主体的责任系数,如表 4-8 所示。

**表 4-8　责任相关系数对应表**

| 综采队 | 机电队 | 运输队 | 掘进队 | 通风区 | 生产技术部 | 安监部 | 调度室 | 经营管理部 | 供应部 | 人力资源部 |
|---|---|---|---|---|---|---|---|---|---|---|
| 0.123 0 | 0.112 8 | 0.105 0 | 0.088 3 | 0.087 8 | 0.076 4 | 0.075 6 | 0.071 6 | 0.077 8 | 0.095 0 | 0.083 1 |

从表 4-8 的结果可以看出,原本以为没有太多责任关系的掘进队、经营管理部门、供应部门和人力资源等部门也需要承担一定的责任,这体现了成本管理系统各个责任主体之间的联系性。由于一个部门的工作往往需要不同部门的配合

才能顺利完成，其中任意一个部门的玩忽职守都可能使得工作不能保质保量地完成，从而会对成本产生影响，因此当割煤单元的成本出现异常时，使掘进队、经营管理部门、供应部门和人力资源等部门承担一定的责任，能够促使形成各个部门之间相互监督和相互制约的成本管理氛围，建立互治的成本管理文化，这也体现了经济活动的公平性与外部性。

责任主体的责任大小确定后，管理者应该认真对待，精心策划，不仅要努力使得每一个 LUBA 模型的责任中心的效益最优，而且还要建立合理的责任奖惩制度。

## 4.4 煤炭企业成本责任系数确定方法比较分析

基于博弈论的方法与基于直觉梯形模糊数的方法都能够解决成本责任系数的量化问题，他们各有优势。Shapley 值分配法是基于责任主体之间相互合作的一种系数确定方法，从相对重要性角度通过比较某个责任主体加入责任单元前后的单元总收益方面的变化来测算该责任主体对联盟的贡献。该种方法避免了平均主义的现象，调动了各个责任主体的积极性。但是这种方法也有它的不足之处：该方法过于笼统地将收益的变化归因于某个责任主体的加入，而忽视了整个责任单元的责任主体间的相互作用对其的影响。并且 Shapley 法要求的条件比较多，需要考虑所有情况下的联盟利益所得，难以得到令大多数责任主体满意的系数分配方案。

Nash 谈判模型是 20 世纪 50 年代由纳什提出的，相对而言需要的条件较少，操作性较强，是解决协商问题的有效方法。并且 Nash 协商模型的责任系数分配模型有效地弥补了基于 Shapely 值的责任系数分配与确定模型在保证“多赢原则”方面的不足，纳什谈判解给出了最终理性解的特点，可以作为确定责任系数分配结果的参照物。但是对于理性解的生成方法没有给出确切的指导，并且从现有的文献看，对于权、责、利的分配问题，Nash 谈判模型多用于生产和技术联盟。

基于核仁的理论方法，从合作博弈的角度对各个责任主体的系数进行合理的分配与确定，满足集体理性与个体理性，具有有效性、基本个体合理性和基本稳定性，核仁是稳定的分配向量，Shapley 值是公平的分配向量，都在实际中得到了广泛的应用。但是基于核仁的理论方法在进行权、责、利的分配时没有考虑不同责任主体对责任主体之间联盟协同效益的贡献差别，因此不具备扩展个体合理性。

基于博弈论的这几种常用的系数确定方法对于解决成本责任系数的确定与分配问题都存在一定的不足：这几种博弈论的方法都只是从单一角度反映这些责任分配方法在某种分配原则上的合理性，并且都只能在某些角度考虑成本责任系数确定的影响因素，未能注意到企业成本责任管理的复杂性和具体差异。而以博弈论方法为基础的群体加权重心法首先运用几种博弈论方法进行责任系数分配，然后计算各种方法的权重，最后根据几种方法的权重得出最优利益分配方案，虽然可以避免单一模型的内在不足，综合体现上述三种方法在利益分配中的不同作用，但是计算过程过于复杂。

基于直觉梯形模糊数的方法将模糊集拓展为直觉模糊集，在模糊集的基础上考虑了隶属度、非隶属度和犹豫度，在责任系数分配时具有更多的灵活性和实用性，能够正确地反映人的价值偏好，解决大规模主体决策问题，是一种综合性的方法。基于直觉梯形模糊数的责任系数确定方法能够充分考虑成本项目间、责任主体间的交互作用与责任主体之间可能存在联盟的可能性，细腻的描述客观世界模糊的本质，为不确定条件下的复杂决策问题提供新思路，能够对责任主体的行为选择进行更准确的描述和解释，并且能对责任主体的职能变化进行反映。

煤炭企业的核心业务是进行煤炭资源的开采，因此受自然环境的影响非常大，这就使得煤炭企业成本责任管理问题本身变得更加复杂与模糊，所涉及的责任主体也比较多，问题比较复杂。并且煤炭企业具有管理环境的不确定性，决策者知识的有限性和获取精确的煤炭企业成本与责任信息的高成本现值的特点，这一点使得直觉梯形模糊数的方法更具有适用性，但是基于直觉梯形模糊数的方法在责任主体之间的博弈关系上体现比较弱。在具体应用时，根据煤炭企业的实际情况可以在不同的区、块内选择不同的责任系数确定方法。

## 4.5 本章小结

本章主要分析了成本责任系数量化的必要性与原则，并从博弈论理论、直觉模糊理论出发探讨了成本责任系数的量化方法。其中基于博弈论的方法中主要探讨了基于 Nash 谈判的方法、基于 Shapley 的方法、基于核仁的方法和这几种方法的综合方法即基于群体重心的方法；基于直觉模糊的方法中主要探讨了权重已知和未知的两种情况，并且针对某煤炭企业进行了责任系数的确定。最后对基于博弈论的方法和基于直觉模糊的方法进行了比较。

# 第5章 面向可视化的煤炭企业成本责任系数优化

事物的本质是运动变化的，成本责任系数也不能一成不变，并且第四章中利用博弈论方法和直觉梯形模糊数方法确定的成本责任系数没有很好地解决责任主体的机会主义倾向问题，也没有考虑责任中心与责任主体的效益问题，因此有必要对责任主体的责任系数分配问题进行更深入的研究。本章在上一章责任系数确定的基础上，进行了一系列的相关分析，提出了责任系数的优化模型与模型智能求解算法，使得通过责任系数的优化改变各个责任主体的行为策略，改善煤炭企业成本管理的状况、提高企业运行效率和效益。

## 5.1 责任系数动态优化动因分析

将成本责任管理看成一个系统，本节主要从企业战略的改变、成本管理效果的反馈、系统自身的自适应优化以及各个责任主体之间的博弈来分析煤炭企业成本责任系数的变化动因，为后续的研究提供了理论依据。

### 5.1.1 成本责任系数的特点

成本责任管理有效实施的前提是建立公平合理的责任系数确定方案，煤炭企业成本责任系数与其他系数不同，成本责任系数的确定也与其他系数的确定不同，具有如下几个特点：

1. 责任系数之间相互依存性

一项工作任务经常在不同的责任部门与主体的共同参与下完成，或是同时进行或是顺序进行。责任主体又具有主观能动性，在成本责任管理过程中，各个责任主体在时间投入、努力程度投入等要素投入,以及各要素投入效果的心理预期与评价标准等方面都有很大的差异,因此责任主体对于某一项成本发生所履行的责任与要素投入不仅与自身的职责有关系,而且受其他责任主体的履职情况影响很大,这就导致了所确定的责任系数之间具有相互依存的特性。

2. 成本责任系数自动调节性

确定责任系数不是最终目的也不是起始原因,责任系数的确定是把管理的期望转化为行动,原因转化到结果的媒介。在成本责任管理过程中,由于外部环境的不确定性,会使得预期效果与现实有很多的不适用性,因此需要根据具体的管理阶段与反馈效果对所确定的系数方案进行动态的调整,使得责任系数的确定更加科学、合理,更好地为可视化成本责任管控服务。

3. 成本责任系数行为导向性

成本责任管理体系具有系统的一般特征,成本责任系数是成本责任管理系统的内在驱动力,不同的责任系数有不同的内在导向。在责任系数确定后,就会刺激各个责任主体按照所导向的方向努力,如果没有科学合理的责任系数分配方案,会严重影响到成本责任管理效果的发挥。

4. 成本责任系数维系稳态性

从系统论的角度来看,成本责任系数的确定决定成本责任管理系统的结构,成本责任管理系统的结构决定成本责任管理系统的功能,成本责任管理系统的功能对成本责任系统的结构具有反作用,即对成本责任系数具有反作用。成本责任系数分配可以按照一定的规律,使得成本责任管理系统在相互作用过程中保持动态的平衡,防止其发生紊乱、失衡等现象。

5. 成本责任系数具有信息传递性

信息流的畅通与共享是成本责任管理体系运行的重要前提,责任系数的确定是责任管理信息传递的媒介,当各责任主体的职责与实际状况不符合或是环境状态发生变化时,管理者可以通过责任系数分配捕获信息,通过责任系数再分配进行信息传递。成本责任系数能够使得信息在成本责任管理系统中内外畅通传递,增强系统信息传递效率。

### 5.1.2 责任系数对未来管理的影响分析

1. 责任系数与行为选择的关系

在煤炭企业的经营管理活动中，各个责任主体都可以看成相应的企业成本管理代理人。由委托代理理论可知，委托人、代理人都是为了实现自身的效用最大化，即各个责任主体的目的都是追求自身效益的最大化。责任主体的收益组成一般分为管理收益和寻租收益，管理收益又根据不同的管理级别分为不同的层级，管理收益主要来自各责任主体所在单元的成本控制质量，即控制单元所产生的价值和效益。寻租收益是责任主体不履行自己的职责时的一个收益。责任主体对于成本管控的行为策略可以分为两类，一类是物质性投资，另一类是人力资源类投资即"努力水平"。其中物质性投入是指各个责任主体在资金设备、人力技术等方面的投入转化为货币的度量。

责任者是能动的主体，具有一定的认知能力，会根据事物发展的认知程度，从多方面自主的选择自己的行为。当初步的责任系数确定后，每个责任主体会根据自己所承担的责任大小选择对自己最有利的行为策略，即物质性投资水平与努力水平。当成本责任系数设置的较小时，即责任主体对于相应的成本项目所承担的责任较小，或是几乎不用承担成本责任时，责任主体选择不承担相应的责任，也不进行物质性投入与努力投入，更不会通过增加自己的管理成本来获得相应的管理收益，这时对于各个责任主体没有起到责任管理的约束作用。

当设定的责任系数过大，超出了责任主体的承担范围与能力，这时责任主体即使履行成本管理职责，努力增加物质性投入与努力水平，使得投入的管理成本升高，但是最后所获得的管理收益仍然小于寻租收益，因此导致责任主体不履行成本管理职责，即不进行物质性投入也不进行努力投入，导致成本责任管理失效。因此责任系数的设置情况会直接影响到责任主体的行为策略选择。

2. 责任系数与利益分配的影响

基于 LUBA 的煤炭企业成本责任系数确定后，成本责任管理从理论落到实地。成本责任主体的责任与利益相互对应，即成本责任系数大小与利益分配相互对应。由于信息的不对称以及成本管理估计的不确定性干扰，以成本责任系数的大小为依据确定成本利益的分配情况，能够使得每一个责任主体的责任与利益相互对应，不仅保证了责任主体之间的公平，促使责任主体积极履行成本管理职责，引导责任主体的行为，而且能够提高各责任主体之间的合作，增进责任主体间的信息共享，提升成本责任管理效益。

同时，利益分配运作的效果反作用于成本责任管理系统，使得管理者对责任主体承担的责任根据具体情况进行调整，最终能够影响责任系数的确定。因此责任系数的确定是利益分配与奖惩的基础，责任相关系数的科学与否会直接影响成本责任管理效果。

3. 责任系数与企业成本管理文化的影响

成本责任系数确定后，通过对各个责任主体实施责任的量化管理，包括责任的分解、奖惩与利润分配，引导煤炭企业的各个责任主体朝着既定的成本管理目标进行努力，从而使得企业的每一个部门、每一位员工在日常工作中关注成本，拥有成本意识，逐渐使得员工的成本管理观念由被动参与式向主动驱动式转变，逐渐把成本责任管理的工作原则、方法等内化成企业的行为习惯，培养员工节约成本与成本控制意识，形成一种企业成本管理文化。

良好的企业成本管理文化可以引领员工勇敢承担成本责任，促使员工齐心协力，从根本上提升煤炭企业的核心竞争力，提高企业经济效益。不好的企业成本文化会阻碍企业的发展与成本管理目标的实现，而责任系数是企业成本管理文化形成的内在驱动力与关键，因此应当积极探索责任系数的确定与变动优化。

4. 责任系数与可视化管理的影响

基于 LUBA 的成本责任系数确定使得成本责任的可视化管理成为可能。可视化管理是利用 IT 技术，让管理者有效掌握企业信息，实现管理上的透明化与可视化。成本责任主体职责的明确与责任相关系数的量化，使得成本责任管理的信息能够准确地、直观地、更加生动地以可视化的方式展示出来。

可视化的成本责任管理不仅能够还原成本发生的时间与空间属性，表现出成本责任之间的结构关系，展示各个层次成本的变动趋势，展示各个层次的责任主体成本目标完成情况，而且能够对于使用责任相关的成本进行有效的分类，能够使得管理者进行实时动态的监管 LUBA 管理各个单元、块、区上的成本发生状态,并进行管理指导。

但责任系数大小会直接影响可视化展示的科学性与效果,责任系数的变动会对可视化管理的结果产生影响,因此需要对责任系数进一步研究。

### 5.1.3 责任系数优化分配动因

#### 5.1.3.1 企业战略和管理重点的改变

煤炭企业的成本管理必须与其战略相匹配,战略是对全局的发展目标和发展趋势所做的谋划,是指全局的计划和策略,是一个自上而下的整体性规划过程。

现代成本管理主要应该依据企业的战略来选择相应的成本管理模式,使得企业效益和价值达到最优值,而不是一味地以降低成本为最终目的。企业成本管理战略是企业经营战略中的核心组成成分[184],其是以企业的经营战略目标作为目标,并加以具体化,包括对成本控制的计划和策略。

基于 LUBA 的煤炭企业成本管理战略分为两个层次,分别是战略层次与战术层次,战略层次是企业战略在成本管理范围层面的延伸,战术层次是企业战略在成本管理内容层面的扩展、延伸与深入,直至各个管理单元上的成本管理技术与方式。战略层次包括煤炭企业整个生命周期内的成本管控,不仅包括煤炭企业的生产经营成本管控,也包括资源勘探、矿区规划、基本建设,煤炭安全成本、煤炭企业环境成本、煤炭企业连续成本管控等内容。战术层面的成本管理战略主要内容是指生产经营过程中的材料成本、维修成本、职工薪酬、折旧费用、研发成本、库存成本、销售成本、质量成本等的管控。战略层次是战术层次的目标和依据,战术层次是战略层次的具体化和支持。

企业的战略作为企业的基本方针与导向,应该具有稳定性,然而随着经济技术的发展,企业面临的竞争环境也会改变,这时企业的发展战略也不得根据需要做出调整。正如当今世界新一轮的科技革命正在引发新一轮的产业革命,世界各国也都争相调整、适应、抓紧实施必要改革,“中国制造 2025”的提出正是迎接这一重大变革的战略举措,在推进智能制造的过程中要求产品智能化、装备智能化、管理智能化、服务智能化、生产方式智能化。对于煤炭企业而言,新的变革必然会改变原有的生产与管理方式，必然会导致企业战略与管理重点的改变，这不仅涉及经营管理战略，也涉及成本管理战略。煤炭企业的成本管理战略不再局限于材料、人工等各项成本，而是扩展到信息化、智能化的管理与成本的控制，并且成本管理的目标不再仅仅局限于降低成本，更重要的是实现成本的价值与可视化的动态管控，因此必然会引起各个责任主体的职责范围与管理重点的变化，则现有的成本责任系数的分配必然不能与其责任主体的职责相对应，从而会影响成本管控效益，从而产生成本责任系数再分配的动因。企业战略与管理重点的改变对成本系数分配的影响作用机理，如图 5-1 所示。

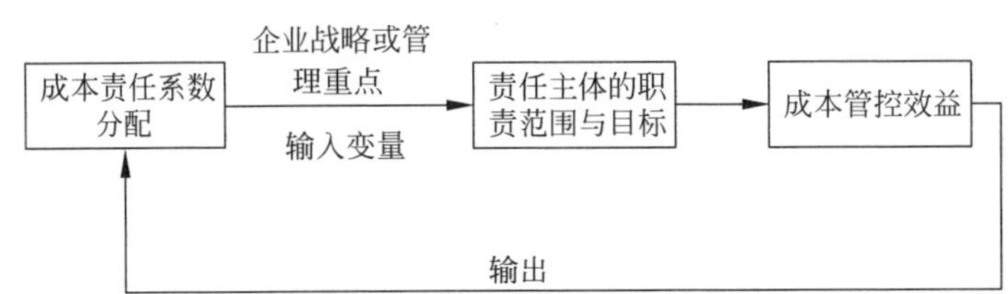


**图 5-1 企业战略与责任系数作用机理图**

#### 5.1.3.2 成本管理效果的反馈

反馈在组织与经济控制系统中普遍存在，是社会过程、心理过程以及生理过程的普遍现象，是人力资源管理研究的重要内容之一。在控制论中反馈的概念就是由控制系统把信息输送出去，又把其作用结果返送回来，并对信息的再输出发生影响，起到控制的作用，以达到预定的目的。原因产生结果，结果又构成新的原因、新的结果……反馈在原因和结果之间架起了桥梁[185]。成本管理效果的反馈是指各个主体对于成本的控制效果产生反应，并因此对成本管理行为产生的影响。

按照来源，反馈可以分为内部反馈和外部反馈：内部反馈是责任主体的自我评价与反思，来自于内部的反馈使得责任主体通过成本责任管理情况，进行自我的状态感知，调整自我的认识、情绪和行为。外部反馈是其他责任主体或利益相关者给予的评价，主要来自于组织、上级、同事、任务本身。成本管理效果的反馈属于任务反馈。来自任务的外部反馈，使得成本责任管理主体根据任务的完成情况对自己的奋斗目标与投入进行调整，追求自己的成本效益。

按照反馈的性质，成本管理效果的反馈又可分为积极反馈与消极反馈两种类型，积极反馈是指由于成本控制工作而得到的正面评价；消极反馈是指由于成本的控制工作未达到理想的效果而得到负面的评价。

但不管反馈的类型是积极的还是消极的，其对责任主体行为的影响都是不能确定的：如积极反馈虽然能够激发其斗志，增强责任主体的自信，但是也会使得责任主体产生骄傲自满、放松懈怠的情绪；而消极的反馈有时虽然会打击责任主体的自信心和积极性，但它也会使责任主体正视问题、改正不足。

Ilgen(1979)等人认为反馈过程可以用一系列的认知变量来表示，并且基于控制理论第一次提出了具有代表性的反馈模型，该模型清晰的解释了反馈是如何作用并且影响一个人的行为变化。责任主体反馈过程如图 5-2 所示。

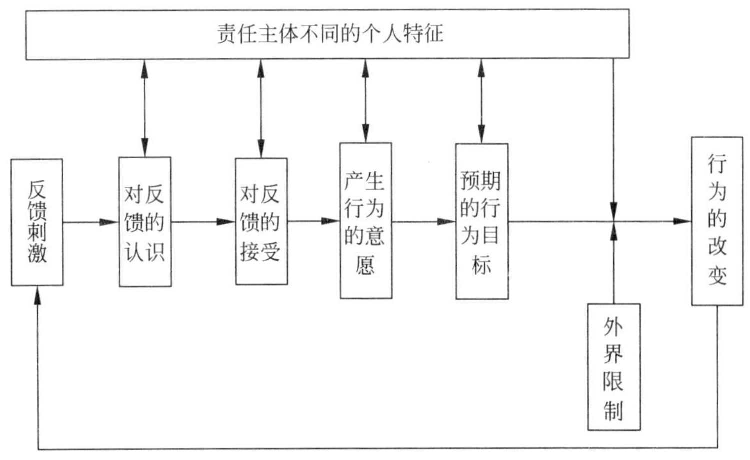


**图 5-2　责任主体反馈过程示意图**

由上图可知，该模型能够清晰地解释成本管理效果的反馈对个体行为改变的影响过程以及对于责任系数再分配的必要性，该模型将成本管理效果反馈过程划分为五个阶段，这里的每一阶段的改变都会受到责任主体个人特征的影响。首先各个责任主体接受来自成本管理效果变动的刺激，然后各个责任主体对该变化信息进行加工认识，然后判断该信息是否可信、是否能够被接受，在判断能够被接受后产生责任主体自身的行为意愿，随后由产生的行为意愿进行初步行为效果预期，最后在条件成熟的情况下各个责任主体会产生真正的行为改变，从而改变自身的成本管控效益和所在成本控制单元的成本管控效益。因此有必要根据成本管控效果反馈调节情况进行责任系数的再分配。

#### 5.1.3.3 系统自身的优化与自适应性

由系统是一组具有内部关系，并且为同一个目标工作的部件总和可知，基于LUBA的煤炭企业成本责任管理中，责任主体、责任主体之间的关系(责任相关系数)、行为策略集合构成成本责任管理系统。每个责任中心上的每个责任主体与其相应责任相关系数、责任主体的行为策略集合组成责任中心上成本责任控制子系统。系统中的每一个责任主体都是具有主动性、目的性的个体，不妨称为适应主体。这些适应主体的行为策略是高度复杂的，对自身的行为意愿或活动具有自适应调节特性，并且具有很强的适应能力，能够自我调节，改变自己的思想状态和行为规则，主动地适应环境[186]。

成本管理系统能够与环境以及其他系统间进行交互作用，在这种持续不断的交互作用过程中，利用原有的认知结构构建当前信息，获得新知识、新经验，并不断地学习和积累经验，改变自身的结构和行为方式，从而促进整个责任管理系统的演变和进化的性质，就是成本责任管理系统的自适应优化与调节性[187]。

自适应调节是指各个适应主体根据自己的态度、需要、利益等对当前环境中的信息进行选择性注意，实质上是适应主体的自我调整来应对环境变化的一种自我调节机制，它应具备三个功能：一是自动调整系统自身与环境之间动态平衡的功能，称作调序功能；二是自动维护系统内部相对平衡的功能，称作保序功能；三是追求系统自身的帕累托最优[188]。

一个系统在其运转过程中，往往会受到来自系统内外部某些因素的干扰和影响，正是因为适应主体主动的与内外部环境反复的互作用，才是系统发展和进化的基本动因，成本责任管理系统的自适应优化调整是各个适应主体对内外部环境变化做出的反应，以保障系统的稳定运行。依据构建主义理论和认知灵活理论建立如下成本责任管理系统自适应优化调节模型，如图 5-3 所示。

可知当外部的因素对成本管理系统产生影响时，系统首先要经过因素识别，接下来根据自身的需要与目标对条件因素进行选择即条件构建，然后根据所获

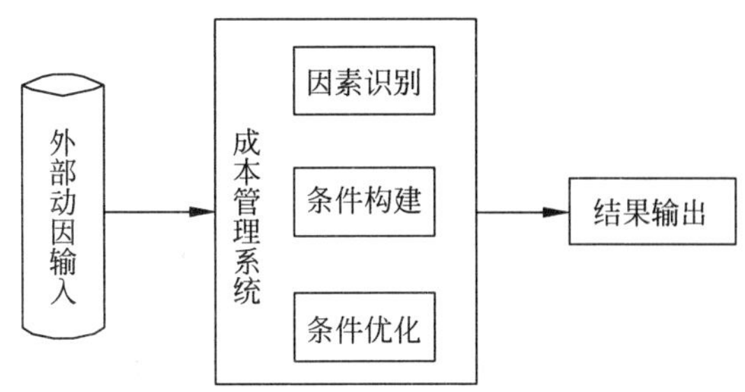


图 5-3 成本责任管理系统自适应优化调节模型图

取的条件信息与自身的认知等因素对条件进行加工、完善，并对自身状态进行优化、改进，最后输出状态结果。

综上，成本管理系统随着外界环境的变化会逐渐调整自身的各项指标以适应变化的环境，从而影响成本责任系数的稳定状态，因此需要对责任系数的优化问题进行研究。

#### 5.1.3.4 各个责任主体之间的博弈

在 LUBA 成本管理结构中，对于其单元、块、区上的任意成本项目的管理往往涉及多个责任主体，不仅有同一级别的责任主体也有不同级别的责任主体。

当管理单元、块、区上的每个责任主体的责任系数确定后，责任主体要根据自身情况与目标进行行为策略的选择。责任主体在选择自己的策略时不仅需要考虑到所在单元、块、区的利益即集体理性，还需要考虑个人的利益即个人理性，通常情况下这两种利益是不一致的，并且一个责任主体行为策略的选择往往会影响其他责任主体的策略选择，因此产生了责任主体之间的博弈行为。

在博弈的过程中，各个责任主体都是独立的经济主体，都有不同的利益追求与目标，而每一个责任主体必然会存在一定的私人信息，造成了成本责任管理中的信息非对称。在基于 LUBA 的成本责任管理中存在四种信息非对称的情况，第一种是同一管理层级上的同一级别的责任主体之间的信息非对称，第二种是同一管理层级上的不同管理级别之间的信息非对称，第三种是不同管理层级上的同一级别责任主体间的信息非对称，第四种是不同管理层级上的不同级别的责任主体间的信息非对称。

信息不对称是影响企业联盟合作的一个关键问题，能够导致内部主体之间的信任危机，产生协作风险，影响成本管理的效率。当同一管理层级或不同管理层级的同一级别的责任主体之间存在非对称信息时，某些责任主体为了保护自己的竞争优势很可能故意隐瞒一些私人信息，甚至提供其他相关责任主体的虚假信息。各个责任主体都是有限理性的，并且煤炭企业的成本管理中责任主体之间的职责具有模糊性，致使各个责任主体之间在进行公共利益争夺时，很难判断和衡量彼此在成本责任管理过程中所投入的努力程度，这将导致机会主义的行为出现。

当同一管理层级或不同管理层级上的不同管理级别的责任主体之间存在信息非对称时，根据委托—代理理论，较高级别的责任主体的管理目标与较低级别的管理目标不同，而较低级别的责任主体希望摆脱高级别的责任主体的控制与监管，实现自己的利益最大化，这将会产生逆向选择和道德风险，资源配置也难以实现帕累托最优，最终会影响煤炭企业的成本管控效果[189]。

因此有必要对成本责任系数的分配问题进一步研究，以更好地解决各责任主体博弈过程中的机会主义倾向问题，并且使之达到帕累托最优，改善煤炭企业成本责任管控的效率和煤炭企业的经营状况。

## 5.2 责任相关系数的优化

合理的成本责任系数一方面有利于提升企业相关人员的成本管控意识，使人们重视整个管理过程，另一方面有助于改善员工的行为策略，提高成本管控效益。本节研究非对称信息下的责任主体的责任系数优化分配问题，通过多阶段博弈理论、委托代理理论以及优化理论，建立有效的责任系数动态优化模型，并对模型的求解方法进行研究，来减少责任主体间由于信息的不对称性带来的不利影响，提高单元、块、区管控中心的收益，从而改善各责任主体的合作态度、提高他们的努力程度，增强单元成本、块成本、区成本管理的动态性、稳定性，提高他们的运营效率。

### 5.2.1　非对称信息下单元成本责任系数优化的基本假设

设 $D_1, D_2 \cdots D_n$ 为单元 $U_1$ 的 $n$ 个责任主体记为 $D$，单元 $U_1$ 责任系数的优化可以分为两个步骤，第一步是通过初始所确定的责任系数，各个责任主体各自确定自身对单元成本管理的努力水平，以使得自己的净收益最大；第二步是通过优化方法搜寻最优的责任系数，使得各个责任主体的收益达到最大的同时单元 $U_1$ 的净收益达到最大。因此有两个方面的问题需要解决：第一，单元 $U_1$ 的各个责任主体在已经确定的责任系数方案下会怎样进行自己的最优活动的选择。第二，如何对于责任系数进行优化搜索使得单元 $U_1$ 的效益同时达到最优。

为了便于分析非对称信息下的单元责任系数的确定问题，做如下假设：

（1）假设每个责任主体都有无穷的耐心，即责任系数分配的贴现率 $\delta=1$。

（2）各个责任主体均为“理性人”，即各个责任主体的风险为中性。

（3）责任主体 $D_i(i=1,2\cdots n)$ 的监管努力水平为 $e_i$，则单元 $U_1$ 的责任主体的努力水平向量为 $e=(e_1, e_2, \cdots e_n)$。其中 $e_i$ 可以为任意维度的向量，如 $e_i$（时间维度变量，质量维度变量……）。为了讨论方便，本书中不妨假设 $e_i$ 为一维的，为各个责任主体成本管理努力的时间价值。

（4）单元责任主体之间按照线性规律分配责任系数，令责任主体 $D_i$ 的责任系数为 $r_i$，单元 $U_1$ 的责任向量 $r=r_1, r_2, \cdots r_n$，且 $\sum_{i=1}^{n} r_i=1$。

（5）假设单元 $U_1$ 所增加的收益包括其增加的收入和节省的成本，单元 $U_1$ 所增加的成本部分即为各个责任主体努力监管所发生的成本。

### 5.2.2　非对称信息下单元成本责任系数优化模型构建

各个责任主体的岗位职责要求各个责任主体要以所在责任单元的整体利益最大为目标，即在各个责任主体选择行为策略时应用集体利益为目标，即要满足“集体理性”，但各责任主体的“个体理性”等因素又使得责任主体会选择以自身利益最大为目标的“自私”策略。通常情况下，这种“集体理性”与“个体理性”是不完全一致的，因此我们有必要建立成本责任系数优化模型，使得在满足集体效益最优的同时满足个体效益最优。

由上面的分析可知，每一个单元的成本控制均是由其相关的责任主体的核心能力来运作的，通过他们之间的相互作用来实现降低每一个单元的成本，增加单元净收益的目标。而这些核心能力一部分是通过各个责任主体的努力水平表现，当单元 $U_1$ 的每一个责任主体都努力进行成本管控时，单元 $U_1$ 的净收益会增加，同时责任主体自身的净收益也会相应增加，因此假设单元 $U_1$ 所增加的收益函数为 $Z_{U_1}(K,e)$。其中 $e$ 代表单元责任主体的努力程度，$K$ 代表其他综合因素的影响因子。责任主体 $D_i$ 所增加的收益为 $r_iZ_1(K,e)$，这里 $r_i$ 是成本责任分配系数。

每个责任主体的成本 $C_i$ 由两部分构成，一部分为日常生产性成本 $C_{pi}$，一部分为努力监管所增加的成本 $C_{Gi}$，即 $C_i=C_{pi}+C_{Gi}$，由于这里只考虑责任主体的努力监管的作用，因此可以把 $C_{pi}$ 定义为常数，而 $C_{Gi}$ 是 $e_i$ 的函数，因此责任主体所增加的成本即为 $C_{Gi}$。单元 $U_1$ 所增加的成本 $C_{U_1}$ 即为由于各个责任主体增加的努力成本之和 $\sum\limits_{i=1}^{n}C_{Gi}$ 即 $C_{U_1}=\sum\limits_{i=1}^{n}C_{Gi}$，则单元 $U_1$ 增加的净收益为

$$P_{U_1}=Z_{U_1}(K,e)-C_{U_1} \tag{5.1}$$

责任主体 $D_i$ 的增加的净收益为

$$P_{D_i}=r_iZ_{U_1}(K,e)-C_{Gi} \tag{5.2}$$

这里 $C_{Gi}=C_G(k_ie_i)$，$k_i$ 为责任主体努力成本系数，并且由上面的表达式可知，责任主体的净收益体现了责任主体的权、责、利是相互统一的，责任主体获得多少收益既要承担相应大小的责任，假定上述 $P_{U_1}$ 为 $e$ 的严格增的凹函数，即有

$$\frac{\partial P_{U_1}}{\partial e_i}>0,\frac{\partial^2 P_{U_1}}{\partial^2 e_i}<0,\frac{\partial^2 P_{U_1}}{\partial e_i\partial e_j}>0 \quad (i\neq j;\ i,j=1,2\cdots n) \tag{5.3}$$

由前面可知，求解单元责任系数优化问题，就转化成求解当单元增加净收益最大，并且每个责任主体增加净收益最大时的最优责任分摊系数，即求解下面的

约束模型：

$$\max P_{U_1}$$

$$\text{S. T.}\begin{cases}\max P_{D_i} & (i=1,2\cdots n)\\ r_i>0 & (i=1,2\cdots n)\\ e_i>0 & (i=1,2\cdots n)\end{cases} \tag{5.4}$$

### 5.2.3 非对称信息下单元成本责任系数优化模型求解

根据前面 $U_1$ 的各个责任主体在初始责任系数确定后行为的分析，我们将模型的求解分为两个步骤，第一步首先根据责任系数确定各个责任主体的最优努力水平，使得自身效益最优；第二步是通过合适的优化算法以使得单元净收益最优为目标来确定最优责任系数。

#### 5.2.3.1 最优努力水平的确定

为研究方便，这里不妨假设单元 $U_1$ 只有两个责任主体 $D_1$ 和 $D_2$，初始责任系数分别为 $r_1,r_2,r_1+r_2=1$，努力水平贡献系数为 $\varepsilon_1,\varepsilon_1$，其中 $0<\varepsilon_1<1,0<\varepsilon_2<1$，责任主体努力监管后增加的成本为 $C_{G1}$，$C_{G2}$。单元 $U_1$ 以及责任主体 $r_1,r_2$ 的净收益可表示为

$$P_{U_1}=Z_{U_1}(e_1,e_2)-C_{U_1} \tag{5.5}$$

$$P_{D_1}=r_1Z_{U_1}(e_1,e_2)-C_{G1} \tag{5.6}$$

$$P_{D_2}=r_2Z_{U_1}(e_1,e_2)-C_{G2} \tag{5.7}$$

不失一般性，进一步假设努力加强成本监管所增加的收益是 Cobb-Douglas 函数形式，责任主体努力所增加成本是努力水平的二次函数，并且：

$$Z_{U_1}(e_1,e_2)=Ke_1^{\varepsilon_1}e_2^{\varepsilon_2} \tag{5.8}$$

$$C_{G1}=\frac{1}{2}k_1e_1^2+C_{G1_0} \tag{5.9}$$

$$C_{G2}=\frac{1}{2}k_2e_2^2+C_{G2_0} \tag{5.10}$$

其中 $K$ 为其他影响因素的综合因子，设为正常数。$C_{G1_0}$，$C_{G2_0}$ 均为常数，

$k_1, k_2$ 为责任主体 $D_1$ 和 $D_2$ 的努力成本系数，均为大于零的常数。有：

$$P_{U_1} = Ke_1^{\varepsilon_1} e_2^{\varepsilon_2} - \left(\frac{1}{2}k_1 e_1^2 + C_{G1_0}\right) - \left(\frac{1}{2}k_2 e_2^2 + C_{G2_0}\right) \tag{5.11}$$

$$P_{D_1} = r_1(Ke_1^{\varepsilon_1} e_2^{\varepsilon_2}) - \left[\frac{1}{2}k_1 e_1^2 + C_{G1_0}\right] \tag{5.12}$$

$$P_{D_2} = r_2(Ke_1^{\varepsilon_1} e_2^{\varepsilon_2}) - \left[\frac{1}{2}k_2 e_2^2 + C_{G2_0}\right] \tag{5.13}$$

为了保证单元 $U_1$ 所增加的净收益是边际效益递减的，即 $\partial^2 P_{U_1} / \partial {e_i}^2 < 0$，因此 $\varepsilon_1 < k_1, \varepsilon_2 < k_2$。

在各个责任主体之间博弈的过程中，各责任主体都努力使得自己的净效益达到最优，可得到各责任主体的最优努力水平，对 $P_{D_1}, P_{D_2}$ 求偏导并令其为零得：

$$\frac{\partial P_{D_1}}{\partial e_1} = r_1 \varepsilon_1 K e_1^{\varepsilon_1 - 1} e_2^{\varepsilon_2} - k_1 e_1 = 0 \tag{5.14}$$

$$\frac{\partial P_{D_2}}{\partial e_2} = r_2 \varepsilon_2 K e_2^{\varepsilon_2 - 1} e_1^{\varepsilon_1} - k_2 e_2 = 0 \tag{5.15}$$

对上式取对数可解得各个责任主体使得自身效益最优的努力水平

$$e_1 = \exp((4\ln(k_1) - 2\ln(K\varepsilon_1 r_1) - 2\varepsilon_2 \ln(k_1) + 2\varepsilon_2 \ln(k_2) + \varepsilon_2 \ln(K\varepsilon_1 r_1) - \varepsilon_2 \ln(K\varepsilon_2 r_2))/(2\varepsilon_1 + 2\varepsilon_2 - 4)) \tag{5.16}$$

$$e_2 = \exp((4\ln(k_2) - 2\ln(K\varepsilon_2 r_2) + 2\varepsilon_1 \ln(k_1) - 2\varepsilon_1 \ln(k_2) - \varepsilon_1 \ln(K\varepsilon_1 r_1) + \varepsilon_1 \ln(K\varepsilon_2 r_2))/(2\varepsilon_1 + 2\varepsilon_2 - 4)) \tag{5.17}$$

#### 5.2.3.2 基于遗传算法的最优责任系数搜索

对于 LUBA 管理模型中的责任主体系数进行优化涉及的责任主体变量比较多，关联性强，计算过程比较复杂，如果采用普通的方法比较困难，难以进行快速准确地优化。遗传算法（Genetic Algorithm）作为非确定的随机优化搜索方法，是一类借鉴生物界的进化规律演化而来的拟生态方法。其直接对所涉及的对象进行操作，不依赖问题模型的特征，不存在模型中函数导数和函数连续的限制，具有内在的隐含并行性、随机转移性和全局搜索最优的能力[190]。

遗传算法利用目标函数的取值信息，采用概率化的搜寻方法，自动获取最优化的搜索空间，有多条搜索轨道，能够自适应调整搜索方向，无需梯度等信息和确定的规则。利用遗传算法对于责任系数进行优化计算，针对适应度函数，从问题的串集出发，不仅寻优效果比较好，覆盖面大，能够实现较快的收敛计算，而且具有较好的鲁棒性，因此遗传算法适用于任何大规模、高度非线性和不连续的多峰值函数的优化及无解析表达式目标函数的优化，这为责任系数的优化模型求解提供了可能[191]。

#### 5.2.3.3 遗传算法的步骤

利用遗传算法搜索优化责任系数首先需要对所选择的特征（责任系数）进行编码，每一个特征可以看成一个基因，每一组责任系数就是一串基因的组合，遗传算法在处理问题时需要把问题空间的参数转化成遗传空间的基因，每一个解即遗传空间中的基因组合，不能直接在问题空间处理。

编码完成后根据所确定的初始责任系数进行遗传操作即杂交操作，通过杂交操作产生新的一组责任系数，新的责任系数组合了原来责任系数的部分特征。

然后计算杂交后新得一组责任系数的适应度，这里适应度函数是将目标函数映射成最大值形式，并且函数值是非负的。根据所计算的适应度选择适应性强的一组责任系数进行下一次的计算，当所得到的一组责任系数不能比上一次得到的责任系数使得目标函数更优时，则停止运算，这时的责任系数即为优化后的责任系数取值。

在杂交和遗传算法的搜寻过程中，伴随着选择与变异的进行，选择即是从杂交后的责任系数中选择优良的责任系数个体，使之作为下一次杂交的父代，选择的原则是选择适应度值大的责任系数个体；变异即先选中一定数量的责任相关系数群体，然后以一定的变异概率随机的改变责任相关系数向量中的某个相关系数的值，一般来说在遗传算法中变异的概率比较低。

利用遗传算法优化责任系数的流程图如图5-4所示。

则按照以上计算的流程借助智能优化的软件 Matlab 就可以求出优化后的单元责任主体的责任相关系数。

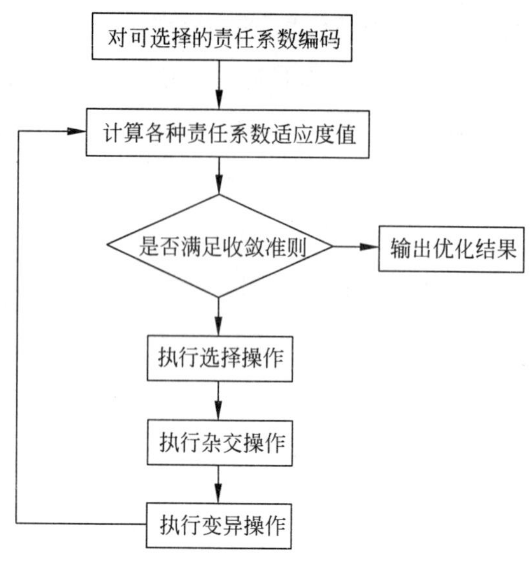


图 5-4 责任系数遗传算法流程图

### 5.2.4 单元责任系数的动态优化及块、区责任系数的动态优化

当对单元责任系数进行优化后，由于世界万物运动的本质，外界的环境是不断变化的，煤炭企业的成本责任管理会受到来自管理系统自身的自适应调整的影响、成本责任管理效果反馈的影响、企业战略和管理重点改变的影响以及各个责任主体之间博弈的影响，这些都会最终作用于 $\varepsilon_1$、$\varepsilon_2$、$k_1$、$k_2$，从而对责任主体的努力水平和单元的效益产生影响，打破原来的系统平衡，因此有必要对成本责任系数优化模型以一定的时间间隔为考核周期进行动态优化改进。

责任系数的确定是基于 LUBA 成本责任管理的关键环节和重要内容，是可视化成本管理的重要组成部分，其依托于成本管理信息化系统，所有的数据均来源于成本管理信息化系统，并且所有的算法与模型均内化于信息化系统，因此单元责任系数动态优化改进即按照上一节的方法，每隔一定的时间间隔，由变化的 $\varepsilon_1$、$\varepsilon_2$、$k_1$、$k_2$ 动态的确定优化改进后的责任系数结果。

块、区成本责任系数的动态改进可以采取与单元责任系数动态优化改进相同的方法，也可以由单元的动态优化后的结果进行合成。例如一块成本中含有 $n$ 个单元成本，并且这 $n$ 个单元成本的权重为($\rho_1^U$，$\rho_2^U$，…，$\rho_n^U$)，则该块成本的责任相关系数为$(\rho_1^U,\rho_2^U,\cdots,\rho_n^U)(r_1^U,r_2^U,\cdots,r_n^U)'$，其中 $\omega_1^U$ 表示优化后的第一个单元的责任相关系数向量，区成本的优化同理。

## 5.3　基于博弈论与遗传算法的算例分析

本节主要通过数值算例分析了非对称信息下的责任系数优化问题，并分析了各个参数之间的关系，最后以前一章所确定的井下生产割煤单元的成本责任系数为基础，对其进行了优化分析。

### 5.3.1　数值算例

为了更进一步的认识上述非对称信息下的成本责任分配模型，可以对其进行数值算例讨论，对该责任分配中的参数模拟取值，如表 5-1 所示。

**表 5-1　参数取值表**

| 参数 | $K$ | $\varepsilon_1$ | $\varepsilon_2$ | $k_1$ | $k_2$ | $C_{G1_0}$ | $C_{G2_0}$ |
|---|---|---|---|---|---|---|---|
| 取值 | 150 | 0.7 | 0.8 | 16 | 20 | 12 | 15 |

将表中的模拟数值带入到前面的优化分配模型中，设初始的 $r_1=0.4$，$r_2=0.6$，则可以得到相关责任系数的优化结果，以及各个责任主体在自身最优的收益下的努力水平和各个责任主体的净收益，责任单元的净收益。数据结果如表 5-2 所示。

**表 5-2　数据结果表**

| 变量 | $e_1$ | $e_2$ | $r_1$ | $r_2$ | $P_{U_1}$ | $P_{D_1}$ | $P_{D_2}$ |
|---|---|---|---|---|---|---|---|
| 数值 | 9.782 4 | 9.866 1 | 0.473 4 | 0.526 6 | 2 854.9 | 1 409.8 | 1 445.1 |

以 $r_1=0.473\ 4$，$r_2=0.526\ 6$ 为基础，以考核周期为时间变量，当参数发生变化时，对于责任系数动态优化后的结果，如表 5-3、表 5-4 所示。

**表 5-3　优化参数表**

| 参数 | $K$ | $\varepsilon_1$ | $\varepsilon_2$ | $k_1$ | $k_2$ | $C_{G1_0}$ | $C_{G2_0}$ |
|---|---|---|---|---|---|---|---|
| 取值 | 160 | 0.6 | 0.9 | 20 | 25 | 10 | 15 |

表 5-4 优化结果表

| 变量 | $e_1$ | $e_2$ | $r_1$ | $r_2$ | $P_{U_1}$ | $P_{D_1}$ | $P_{D_2}$ |
|---|---|---|---|---|---|---|---|
| 数值 | 6.402 6 | 8.243 8 | 0.419 9 | 0.580 1 | 1 969.8 | 946.51 | 1 023.3 |

## 5.3.2 责任相关系数的变动关系分析与影响因素分析

(1) 当责任主体的努力贡献水平 $\varepsilon_1$ 在 0 到 1 变化时，最优责任分配系数 $r_1$ 与参数 $\varepsilon_1$ 的关系如图 5-5 所示。

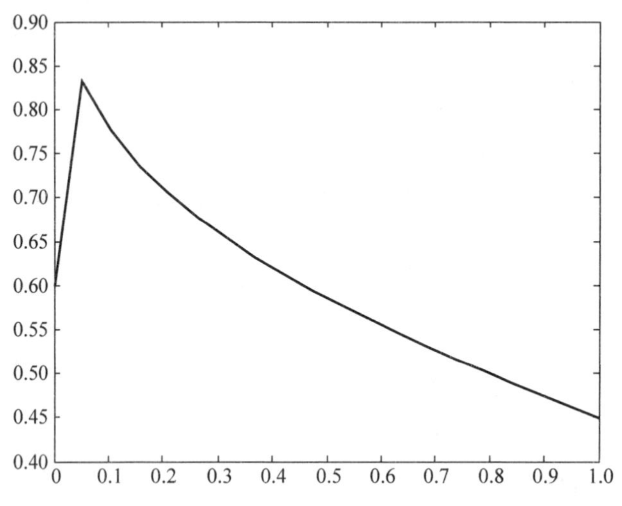


图 5-5 $r$ 与 $\varepsilon$ 关系变化图

由图 5-5 可以看出，随着责任主体的努力贡献水平系数的逐渐增大，其最优的责任系数分配先增大后减小，这说明虽然适当的增加有能力的责任主体的责任系数分配有利于提高成本的管控效益，但是在成本管理过程中，不能一味地通过提高能力水平高的责任主体的责任承担情况来提高成本管控效益，如果对其责任系数分配过高则会使责任主体产生负面情绪，影响最终成本管控效果。

(2) 当 $r_2$ 在 0 到 1 变化时，最优努力水平 $e_1$，$e_2$ 与分配系数 $r_2$ 的关系如图 5-6 所示。

一般来说，责任主体的努力水平是与员工所承担的责任呈正相关的，但是，

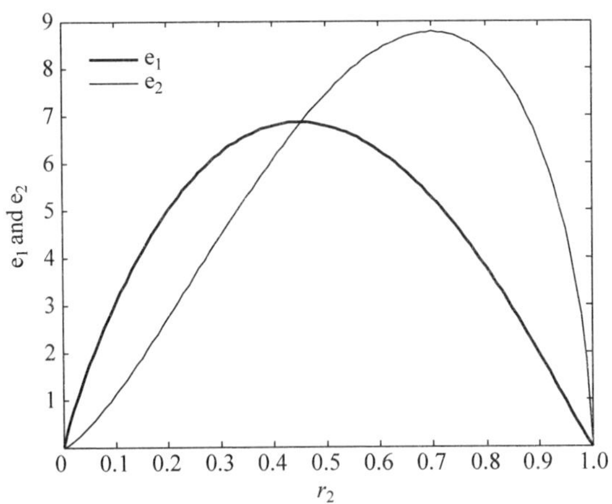


**图 5-6　最优努力水平与优化责任系数关系图**

由图中可以看出责任主体的努力水平先随着责任系数的变大而变大，达到一定水平后，开始随着责任系数的增大而减小，这也符合边际效益递减的规律。

（3）最优分配系数与责任中心综合收益之间的关系如图 5-7 所示。

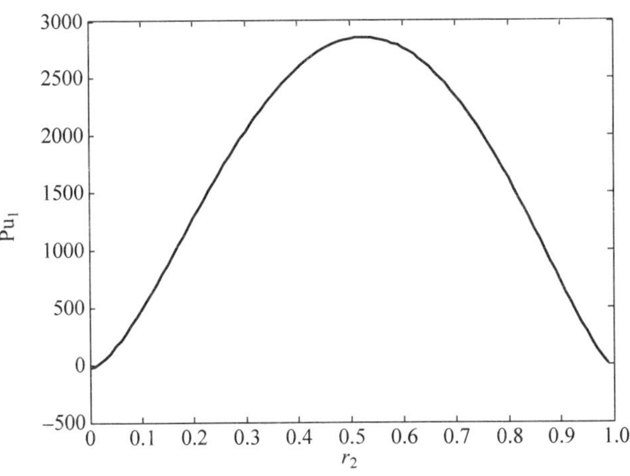


**图 5-7　责任中心的收益与责任系数关系图**

由上图可以看出，责任中心的收益与责任系数的关系是成正相关的关系，达到一定程度后呈现负相关的关系，因此，在实际的成本管理中，管理者对于责任主体的责任系数选择优化问题十分必要，为了获取更多的利益，管理者必须要做好责任相关系数的确定问题。

### 5.3.3 煤炭企业成本责任优化实例

为了进一步说明基于 LUBA 的煤炭企业成本责任系数的优化问题，我们仍以 SM 煤矿井下生产回采块成本中的割煤单元成本为例，采用本章前面章节论述的方法基于博弈论与遗传算法，来建立成本责任优化模型。

以部门责任主体的责任系数优化为例，由第四章的讨论可知，割煤单元的部门责任主体有综采队、机电队、运输队、掘进队、通风区、生产技术部、安监部、调度室、经营管理部、供应部、人力资源部。为研究方便，这里不妨设割煤单元的责任主体分别表示为($D_1,D_2,\cdots,D_{11}$)，设其责任相关系数表示为($r_1,r_2,\cdots,r_{11}$)，且有 $r_1+r_2+\cdots+r_{11}=1$，并且优化之前的责任系数确定方法我们选择直觉梯形模糊数的方法，由第四章的计算可知，初始责任系数如表 5-5 所示。

表 5-5 初始责任系数表

| 综采队 | 机电队 | 运输队 | 掘进队 | 通风区 | 生产技术部 | 安监部 | 调度室 | 经营管理部 | 供应部 | 人力资源部 |
|---|---|---|---|---|---|---|---|---|---|---|
| 0.123 0 | 0.112 8 | 0.105 0 | 0.088 3 | 0.087 8 | 0.076 4 | 0.075 6 | 0.071 6 | 0.077 8 | 0.095 0 | 0.083 1 |

设各个责任主体的努力贡献水平为 $\varepsilon_1,\varepsilon_2,\cdots,\varepsilon_{11}$，其中 $0<\varepsilon_i<1$，努力监管后增加的成本为 $C_{G1},C_{G2},\cdots,C_{G11}$。

采煤单元 $U_1$ 以及单元内各个责任主体($r_1,r_2,\cdots,r_{11}$)的净收益可表示为：

$$P_{U_1}=Ke_1^{\varepsilon_1}e_2^{\varepsilon_2}\cdots e_1^{\varepsilon_{11}}-\left(\frac{1}{2}k_1e_1^2+C_{G1_0}\right)-\left(\frac{1}{2}k_2e_2^2+C_{G2_0}\right)-\cdots-\left(\frac{1}{2}k_{11}e_{11}^2+C_{G11_0}\right) \tag{5.18}$$

$$P_{D_1}=r_1(Ke_1^{\varepsilon_1}e_2^{\varepsilon_2}\cdots e_1^{\varepsilon_{11}})-\left[\frac{1}{2}k_1e_1^2+C_{G1_0}\right] \tag{5.19}$$

$$P_{D_2}=r_2(Ke_1^{\varepsilon_1}e_2^{\varepsilon_2}\cdots e_1^{\varepsilon_{11}})-\left[\frac{1}{2}k_2e_2^2+C_{G2_0}\right] \tag{5.20}$$

$$\vdots$$

$$P_{D_{11}} = r_2(Ke_1^{\varepsilon_1} e_2^{\varepsilon_2} \cdots e_1^{\varepsilon_{11}}) - \left[\frac{1}{2}k_2 e_2^2 + C_{G2_0}\right] \tag{5.21}$$

其中 $K$ 为其他影响因素的综合因子，为正常数，设为 300。各责任主体的努力贡献水平 $\varepsilon_1, \varepsilon_2, \cdots, \varepsilon_{11}$，努力监管后增加的成本 $C_{G1}, C_{G2}, \cdots, C_{G11}$，努力成本系数($k_1, k_2, \cdots, k_n$)的取值分别如表 5-6 所示。

**表 5-6　参数取值表**

| $\varepsilon_1$ | $\varepsilon_2$ | $\varepsilon_3$ | $\varepsilon_4$ | $\varepsilon_5$ | $\varepsilon_6$ | $\varepsilon_7$ | $\varepsilon_8$ | $\varepsilon_9$ | $\varepsilon_{10}$ | $\varepsilon_{11}$ |
|---|---|---|---|---|---|---|---|---|---|---|
| 0.60 | 0.70 | 0.65 | 0.56 | 0.55 | 0.50 | 0.49 | 0.45 | 0.52 | 0.63 | 0.60 |
| $k_1$ | $k_2$ | $k_3$ | $k_4$ | $k_5$ | $k_6$ | $k_7$ | $k_8$ | $k_9$ | $k_{10}$ | $k_{11}$ |
| 25 | 23 | 28 | 26 | 30 | 28 | 29 | 32 | 27 | 28 | 32 |
| $C_{G1_0}$ | $C_{G2_0}$ | $C_{G3_0}$ | $C_{G4_0}$ | $C_{G5_0}$ | $C_{G6_0}$ | $C_{G7_0}$ | $C_{G8_0}$ | $C_{G9_0}$ | $C_{G10_0}$ | $C_{G11_0}$ |
| 20 | 22 | 26 | 25 | 25 | 20 | 24 | 28 | 20 | 22 | 25 |

则由 MATLAB 编程(见附录 B)采用遗传算法得到优化后的割煤单元责任相关系数如表 5-7、图 5-8 所示。

**表 5-7　责任系数优化结果表**

| 综采队 | 机电队 | 运输队 | 掘进队 | 通风区 | 生产技术部 | 安监部 | 调度室 | 经营管理部 | 供应部 | 人力资源部 |
|---|---|---|---|---|---|---|---|---|---|---|
| 0.101 4 | 0.091 3 | 0.083 3 | 0.066 7 | 0.066 2 | 0.295 6 | 0.054 3 | 0.050 0 | 0.055 2 | 0.073 5 | 0.061 5 |

由优化后的责任相关系数结果可以看出，基于文中给定的外部条件，对回采块，采煤机割煤单元责任中心的成本效益影响前 5 位的部门由综采队、机电队、运输队、供应部和掘进队变为生产技术部门、综采部门、机电部门、运输部门和掘进队。这是由于生产技术部门主要负责水文地质条件的勘探与生产过程中的相应技术指导，水文地质条件又是影响煤炭企业成本发生的非常关键的因素，其直接影响了采煤的工艺与安全事故的发生，技术水平决定了作业流程是否合理，是否具有成本优势，因此技术部门所承担

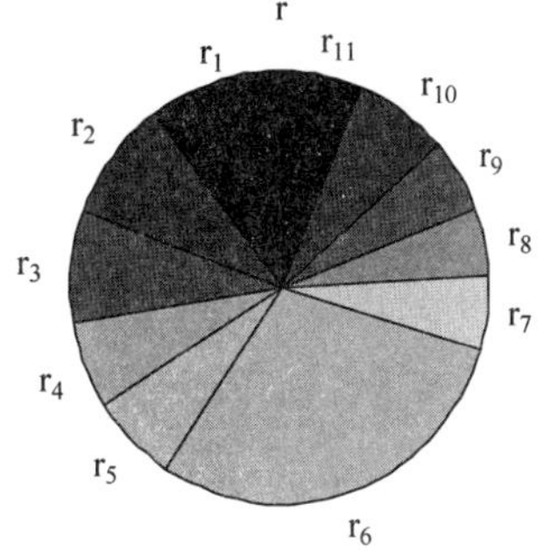


**图 5-8　优化后责任相关系数示意图**

的成本责任相对较大。供应部门由于自身努力成本的减少,因此对割煤单元的成本效应影响下降。

综采部门是割煤单元成本发生的直接部门,其直接操作的规范与否,材料的使用合规与否,以及材料、配件的回收复用情况都会直接影响到本单元的成本发生,最终影响到本单元的成本效益。

机电部门主要负责割煤环节机电设备的维护和检查以及设备的更新等,割煤设备故障检查的及时与否是影响割煤单元是否正常作业的关键,设备的更换与维修频率会严重影响割煤单元成本的支出。

运输部门主要负责割煤环节工作面的运煤和运输皮带的运转情况,如果运输部门疏于管理,会影响到煤炭的运输效率,从而影响到煤炭的生产,因此会增加割煤单元的成本。

掘进部门主要负责巷道的掘砌、维护、变形修复等工作,巷道的条件情况尤其是支护情况对于割煤单元的成本影响较大,因此掘进部门对于割煤单元的成本责任较大。

## 5.4 本章小结

本章主要研究了成本责任系数的优化问题,首先对成本责任系数的特点以及成本责任系数对未来管理的影响进行了分析,然后从企业战略改变、成本管理效果的反馈、成本责任管理系统自身的优化和各个责任主体之间的博弈角度对成本责任系数变化的动因进行分析,然后利用博弈论的相关理论建立了责任系数优化模型,并且利用遗传算法对模型进行了求解,最后以煤炭企业为例,对第四章中利用直觉梯形模糊数方法确定的责任系数进行了优化。

# 第6章 面向可视化的煤炭企业成本责任奖惩

各个责任主体之间从自身的利益出发，参与整个煤炭企业成本责任管理，分享成本责任管理带来的利益，传统的奖惩与利益分配机制已经无法满足可视化的成本责任管控要求，成本责任系数确定后，如建立以责任系数为基础的奖惩机制，不仅使得权、责、利之间的关系相互平衡，为煤炭企业成本责任的可视化管理提供了保障，还能通过有效的奖励与惩罚机制使企业的成本战略目标不断内化为企业各员工的内在需求，改善员工的行为策略。本章将对煤炭企业成本奖惩模型的建立进行研究，建立一般奖惩模型并且针对信息的非对称问题和材料的回收复用问题建立奖惩模型，最后将对煤炭企业成本责任管理进行可视化展示模型的建立。

## 6.1 煤炭企业奖惩分析

考核奖惩作为成本责任管理的目的和手段，有着其自身的特征与运作过程，科学、合理的奖惩机制能够给员工提供明确的目标和激发员工的内在动力，但当前煤炭企业奖惩机制的构建与实施还存在着许多问题。本节通过分析这些问题建立一般奖惩模型，并探讨影响成本异常的相关管理因素，为后面奖惩模型的建立奠定基础。

### 6.1.1 奖惩的特征与作用模式分析

#### 6.1.1.1 奖惩的特征

企业管理中，奖惩是依据奖惩原则，管理者对责任主体进行奖励或者惩罚。奖惩机制是企业与员工通过一套理性化的制度和相互之间作用的一种方式，是反映企业与员工间奖励和惩罚的规章制度。由于自然人的行为是由某种动机引起的，是在某种有益自己的动机下从事的某种活动，因此有效、合理的奖惩机制能够引发员工产生可以达到明确管理目的的内在行为动机。

通过奖惩机制，能够引导部门和员工形成明确的目标指向和发展动力，极大激发员工的生产积极性和创造性。企业经营管理者的职责就是借助符合员工心理活动客观规律的手段，有效地引导员工工作生产的积极性，促使企业的效益最大化。

奖惩具有四个方面的特征，分别是方向性、选择性、时效性、复杂与能动性，奖惩的方向性主要是调动企业全体员工工作的积极性，主观上看是为了个人利益，其实是对企业最有利，促使企业利润最大化，使得企业、个人都得到应得的利益。

奖惩的选择性主要是因材施教，由于员工的性格、爱好、兴趣、积极性迥异，因此，根据不同员工的个性特征，来决定事物的积极或消极选择，从而决定工作奖惩的选择性。

奖惩的时效性主要是员工工作积极性的起伏，员工的积极性不可能持续高涨，如受表扬时、发奖金时、奖惩制度刚实施时，会激发员工的生产积极性，其他时间段积极性相对较低。

奖惩的复杂和能动性主要是员工的心理行为存在矛盾和不同的动机，既想通过自己的努力来使自己创造的效益最大化，从而获得更多的收益和表扬，同时也受外界和家庭等因素的制约，又想照顾家庭，享受幸福的家庭生活。

#### 6.1.1.2　奖惩机制运作过程

奖惩过程从心理学上讲，就是处理好机体变量、刺激变量和反应变量之间的关系，来达到自己的目的。其中：机体变量是指机体(包括性格、动机、内驱力强度等)对反应有影响的特征；刺激变量是对机体的反应产生影响，形成刺激条件，包括可控制和变化的社会和自然的刺激；反应变量是机体变量和刺激变量在行为上产生影响，从而引起的变化。

奖惩过程是一个循环往复、相当复杂的过程。对于一个责任主体而言，奖惩过程是由诱因引发行为动机，行为动机刺激人的积极性，促进目标达成的过程。实质上奖惩过程就是要促进刺激变量引起机体变量的不断兴奋，进而形成积极的行为反应，达到需要的目标后，通过反馈强化刺激，如此循环。关于奖惩过程如图 6-1 所示。

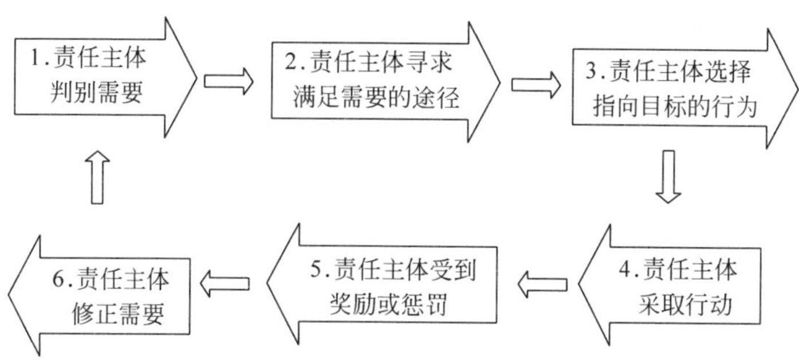


**图 6-1　奖惩过程示意图**

由图可见，奖惩作用过程起始于责任主体对自身需求的判别（第一阶段），会促使责任主体寻求解决的途径（第二阶段），奖惩是有目标指向的，目标是管理者希望所达到的管理效果（第三阶段），由于需求刺激，责任主体采取行动接近目标（第四阶段），进行加薪、升职或罚款是奖惩的几条主要途径，也是管理者向责任主体传递行为是否恰当的重要反馈信息（第五阶段），当责任主体受到奖惩时，会主动调整、修正其需要（第六阶段）。

有效的奖惩是奖惩主体、奖惩客体、奖惩因素、奖惩信息、奖惩环境、奖惩控制等各种要素相互作用的结果，是奖惩过程和各种要素的有机统一，可由图 6-2 来表示。

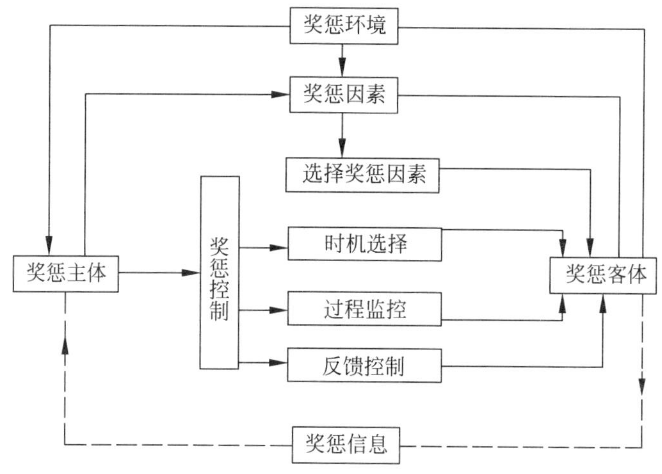


**图 6-2　奖惩过程流程图**

由图 6-2 可见，奖惩过程具有系统性，任何一项奖惩措施作用后能否取得良好的效果，取决于多种相关因素，系统中任何一项工作没有做好，都有可能影响最终的奖惩效果。

### 6.1.2 目前煤炭企业奖惩机制建设存在的问题

#### 6.1.2.1 煤炭企业奖惩机制建设存在的问题

通过对煤炭企业调研发现，一些煤炭企业针对成本责任的奖惩机制不科学，如存在信息不对称等现象，给煤炭企业带来很多不利的影响，在一定程度上阻碍了煤炭企业的发展和企业制度执行的严肃性。此外，在煤炭企业内部奖惩机制还存在很多问题，具体如下：

1. 奖惩机制没有与相应责任对应

很多企业对于成本责任主体的奖罚并没有与各责任主体的责任大小关联起来，或是没有相关联的量化依据。一些煤炭企业奖罚的责任主体不明确，往往只针对成本的直接发生部门进行奖罚，甚至存在奖罚责任主体遗漏的现象，而一项成本的发生往往不是一个部门的责任。如材料成本的发生不仅与其使用部门的消耗情况和回收情况有关系，还与材料的发放部门与管理部门有关系。这就导致真正造成成本大幅度变化的部门，有可能没有进行奖罚或是奖罚的力度很小。

2. 奖惩机制内容缺乏针对性

一些煤炭企业现有的奖惩体系不够科学，奖惩机制的针对性不明确主要表现在三个方面。第一个方面是奖惩目的不够明确，在对于成本的奖惩措施上往往一概而论，没有具体问题具体分析，找出成本异常问题的具体原因，并且针对不同的发生原因有目的、有针对性地进行奖惩。第二个方面表现在，很多煤炭企业成本奖惩形式比较单一，更多地注重物质奖惩，奖惩结果往往只体现在绩效工资上，忽略了员工精神需求与情感需求，致使奖惩效果得不到充分发挥。第三个方面表现在，不同员工的需求不一样，不仅与年龄、性别、地域有关系，而且与员工的职务级别等因素也存在很大的关系，企业提供的并不一定是员工所需求的。

3. 奖惩机制时效性不强

以信息技术为基础，及时、动态地进行各种奖惩是保持煤炭企业活力的源泉，是员工工作热情的“助燃剂”，也是工作效率的一种体现。对成本发生状况实时反映，通过奖惩机制进行约束与调整责任主体的行为，能够引导企业朝着战略目标发展。《孙子兵法·将德》中提到“赏不逾时，欲民速得为善之利也”，意思是奖惩时不要延迟过久，以便士兵迅速得到做好事的利益，这说明古代士兵也注重奖赏的时效性。然而很多煤炭企业由于管理、技术、人为等因素，经常是在成本发生了一段时间以后才进行成本激励与惩罚，或是惩罚制度没有根据实际情况跟进和调整，时效性不强。

**6.1.2.2　煤炭企业奖惩机制研究的必要性分析**

激励是管理的核心，而奖惩机制是企业激励机制中最重要的手段。对于煤炭企业而言，建立奖惩机制不仅可以调动企业员工的积极性和创造性，更是在当前经济新常态下，煤炭产业整体低迷，严格控制企业成本、提高企业效益的需要。

1. 完善成本责任管理的需要

人是企业资源配置中最重要的要素，也是实现企业发展和完善企业成本责任管理的关键因素。对于煤炭企业成本责任管理，必须有一套完善的员工奖惩机制作为保证，否则很难得以充分的落实。因此，通过实行明确的煤炭企业奖惩结合、有功必奖、有过必罚的原则，是完善企业成本责任管理的催化剂与推动剂。

2. 提高煤炭企业绩效的需要

通过建立企业奖惩机制，为企业提供一个稳定有序的环境。可从多角度激发员工对于工作的强烈欲望，提高自己的工作绩效，利用企业最小的成本实现最大的工效，促使企业员工不仅可以从奖惩机制中获得经济上、心理上的满足，同时有利于煤炭企业的发展，降低企业的成本，提高企业绩效。

3. 解决煤炭管理问题的需要

由于煤炭企业黄金十年的大踏步发展，往往会存在个别企业目光短浅、缺乏长远的战略目标，未制定出相应的长期激励机制，管理较为粗放，仍停留在“一刀切”的激励形式，降低了员工的积极性。通过建立现代有效的奖惩激励机制，能够激发员工的工作热情，让员工时刻感受到工作的目的和意义。同时，对于企业领导，也能对员工的工作完成情况有个衡量的标准，从而提升企业的管理水平。

4. 实现成本可视化管理的需要

成本可视化管理是将可视化技术融入成本管理的过程中，是对成本管理的改进和升级，使管理者对成本管理过程一目了然，而对于管理的信息数据化表达是实现可视化管理的前提。煤炭企业成本奖惩机制的研究与量化模型的建立有助于实现信息的数据化表达。因此，成本可视化管理的发展需要以成本奖惩机制为基础，将成本管理过程直观展现给企业内外的所有人员。

### 6.1.3 煤炭企业成本责任奖惩模式及一般奖惩模型

1. 煤炭企业成本责任奖惩模式

成本责任奖惩模式是为了优化企业管理制度，提高员工工作效率，对责任主体施行奖励和惩罚的方式。煤炭企业成本责任奖惩模式从内容上可以分为三类，分别为：物质奖惩模式、精神奖惩模式和情感奖惩模式。

物质奖惩模式是最常见的奖惩方式，也是效果最为明显的激励方式，物质奖惩模式是以物质刺激为手段来鼓励员工从事工作。主要是公司通过物质的奖励对员工进行激励，通常包括奖金、公司股份、奖品、其他福利等，从而调动员工的积极性和创造性，使员工真正感受到自己是企业的主人和自己在企业中的价值。

精神奖惩模式，即注重精神因素鼓励员工从事工作，是一项应用广泛、影响深远的奖惩方式，真正能够体现一个企业领导者的管理能力，能够形成良好的企业精神与企业文化。主要是企业领导通过对员工精神方面的内在激励，包括公开表扬、对员工绩效的认可、授权、升职、提供学习深造的机会等，是与物质奖惩紧密相连、相辅相成、互为补充的。

情感奖惩模式是不以物质利益为刺激，也不以精神理想为刺激，是以个人与个人之间的感情联系为手段的奖惩模式，是企业物质奖惩模式和精神奖惩模式的补充，具有极强的随机性、主观性，能够真正体现一个企业领导者的艺术水平。主要是企业领导在坚持以人为本的前提下开展工作，从大处着眼、小处着手，时刻注重培养上下级之间的感情，处处尊重员工、理解员工、关心员工，让员工形成“公司即我家”的理念。

这三种奖惩模式相辅相成、缺一不可，物质奖惩是其他奖惩模式的基础，是员工行为的保障，也是在煤炭企业中最直接、最有效的奖惩方式，可以快速地调动员工的积极性，提高企业的生产效率。物质奖惩主要体现在员工的报酬上，可以通过量化的手段来进行，本书接下来建立成本责任奖惩模型，从物质奖惩角度对煤炭企业的奖惩管理进行研究。

2. 煤炭企业一般成本责任奖惩模型

建立煤炭企业一般成本责任奖罚模型如下：

$$F = F_1 + F_2 \tag{6.1}$$

$$F_1 = C_{正偏差度}\ rP_{基} \tag{6.2}$$

其中，$F_1$ 是基本奖惩项，$F_2$ 是根据不同的异常原因所选择的奖惩项，$r$ 代表责任主体的责任相关系数，$P_{基}$ 是责任主体的基本奖罚力度，$C_{正偏差度}$ 是考核周期内的成本偏差度，在下文中详细说明，在每一段考核期间内，根据成本的异常情况选择对成本责任奖惩的方式，下文中主要对不同的成本异常情况建立不同奖罚。

### 6.1.4　煤炭企业成本异常责任因素分析

由第 3 章的分析可知，造成煤炭企业成本异常的因素很多，包括自然环境、社会环境等非管理因素和技术水平、管理水平等管理相关的因素。其中，自然环境、社会环境等常常不受管理者的控制，受外界的客观因素影响较大，技术水平不仅与社会平均技术水平有关，而且与企业的人才有关，相对来说也比较客观。因此，做好管理因素的控制工作是成本管理的关键。

一直以来，煤炭企业管理比较粗放，在管理上不够精细化，尤其在成本管理上，集团总部或管理者在制订成本计划时的成本信息来源基本都是由下一级的单位向上一级单位层层上报获得，集团总部或管理者根据所上报的成本信息再制订相应的成本计划与成本管理措施等，由于每一位责任主体之间、每一个 LUBA 成本责任控制中心之间，以及上下级之间的成本信息是不对称的，都会存在“私人信息”，在下一层级向上一级层级汇报数据时，往往会存在“打埋伏”等现象，使得管理人员与其他责任主体很难获得真实的成本信息，不利于编制成本的预算，给各责任主体之间识别其他责任主体的努力程度等带来了困难，进而导致成本控制效率的下降，不仅对责任主体的自身利益造成制约，也影响了责任中心的整体利益，造成了煤炭企业利润的损失。在信息不对称的情况下，LUBA模型的每一个管理单元总是最大限度的谋求自己的利益，使得自己的利益最大化，会导致成本的发生难以控制，造成成本的异常，因此，解决信息不对称问题成为成本责任奖惩的重要问题。

材料成本受管理水平的影响比较大，其成本不仅贯穿在生产环节的全过程，而且是煤炭企业成本的重要组成部分。以SM为例，2015年9月原煤实际成本为6 928.48万元，材料费为1 376.54万元，材料费占总成本的19.8%，因此做好材料成本管理是煤炭企业成本管理的关键，但是煤炭企业在材料成本的管理过程中存在着严重浪费的现象，尤其是对于材料的回收复用管理。

在原煤的生产过程中，除了油脂、锚索、乳化液等材料属于一次性投入材料外，其他大部分材料具有回收、复用的性质和价值，但是在实际的材料使用环节，由于开采条件、地质水文等条件限制，各种作业材料极其容易出现水浸、埋藏、丢失、毁坏等方面的问题，影响了材料的使用、回收、复用[192]。不仅如此，材料的回收复用管理方面还存在工作人员对于材料的回收复用的动力不足、责任不清晰、管理不规范等现象，不仅浪费了物资的实际使用价值，也降低了成本管理效率。

基于以上的分析，信息不对称问题与材料回收复用问题都是影响成本异常的关键问题，并且受管理水平的影响较大，目前煤炭企业针对这两个问题的管理还比较薄弱，奖惩机制的建立可以在一定程度上有效解决这些问题，因此本书接下来针对信息不对称问题以及材料的回收复用问题建立成本责任主体的奖惩模型，提高煤炭企业成本责任管理的针对性和效益。

## 6.2 面向可视化的非对称问题成本责任奖罚模型

LUBA成本管理各个单元之间以及各个责任主体之间的信息非对称可能会引起成本判断的失误，从而造成不必要的损失，因此面向可视化的成本责任奖惩机制不仅需要考虑各责任主体的权、责、利的平衡问题，更要解决各个责任主体间管理信息的非对称问题，在奖惩激励机制手段上要能够促使责任主体之间的信息协调与共享，为完成企业的总体成本战略目标而发挥各自的主观能动性，因此本节主要针对信息非对称问题的奖惩模型的建立展开研究，并对成本偏差度进行定义。

### 6.2.1　面向可视化的成本管控偏差度定义

在成本管理过程中对成本进行有效的偏差度确定与等级划分是进行成本奖惩与考核的基础，是成本管理的重要组成部分，本节接下来将要介绍成本偏差度的确定方法。

#### 6.2.1.1　基于 LUBA 的目标成本确定

目标成本的确定会直接影响成本控制质量的确定，合理的目标成本能提高管理水平，发挥员工潜能；相反，不合理的目标成本可能挫败员工积极性和影响企业效益[3]。一般情况下，在充分收集资料、做好市场调研，并按照科学性的原则对成本历史情况和市场情况进行综合决策分析后，最后确定目标成本。

本书为了研究方便，单元、块、区的年度目标成本分别采用移动平均法取相应前三年的单元、块、区的平均成本，并和行业的平均水平做比较，取较小的作为目标成本。在这里假设以下均已做了线成本的分摊，注意分析并排除由于技术的突然变革，或是工作面的搬迁所导致的非常规成本。设 $U_1$ 单元成本的当年行业平均水平为 $C_{\overline{U_1}}$，$B_1$ 块成本的当年行业平均水平为 $C_{B_1}$，$A_1$ 区成本的当年行业平均水平为 $C_{\overline{A_1}}$，$U_1$ 单元成本的前三年平均值为 $C_{U_1\text{平}}$，$B_1$ 块成本的前三年平均值为 $C_{\overline{B_1}\text{平}}$；$A_1$ 区成本的前三年平均值为 $C_{\overline{A_1}\text{平}}$，则当年 $U_1$ 单元的目标成本为 $C_{U_1\text{目}}=\min\{C_{\overline{U_1}},C_{\overline{U_1}\text{平}}\}$，$B_1$ 块的目标成本为 $C_{B_1\text{目}}=\min\{C_{\overline{B_1}},C_{\overline{B_1}\text{平}}\}$，$A_1$ 区的目标成本为 $C_{A_1\text{目}}=\min\{C_{\overline{A_1}},C_{\overline{A_1}\text{平}}\}$。其中 $C_{\overline{U_1}}$，$C_{\overline{U_1}\text{平}}$ 均由所含成本项目的情况生成，$C_{\overline{B_1}}$，$C_{\overline{B_1}\text{平}}$ 由各单元的成本情况生成，$C_{\overline{A_1}}$，$C_{\overline{A_1}\text{平}}$ 由各块成本的情况生成。各区、块、单元的月度、季度的目标成本分别为相应年度目标成本/12、(年度目标成本/12)×3。

#### 6.2.1.2　成本偏差度的定义

偏差一词在很多领域中都有广泛的应用，偏差表示与实际或是标准不相符的情况。当前煤炭企业成本偏差度确定的方法有对比分析、结构分析，比率分析等分析方法，也可以从量差、价差、效能差等管理会计中的静态方法入手来确定成本偏差度。

本书中对于每一个“区”“块”“单元”，用相应的“(实际成本－目标成本)/目标成本”作为判断其成本偏差度的依据，并且可以依据“(实际成本－目标成本)/目标成本”为基准，将成本偏差度划分等级，根据不同的行业和企业自身的特点，制定相应的成本质量等级划分标准和划分级数。将不同的成本控制质量和级数用不同颜色指示灯加以区分。通过这种可视化方式能够使得管理者一目了然的对各区、块、单元的成本质量进行追踪，然后确定对各责任主体的奖罚。

此外，成本偏差度的定义还可以通过数据挖掘中的动态聚类的方法来确定，确定的方法完全是从成本数据本身出发，通过判断数据本身的特征和复杂性确定成本偏差等级。聚类偏差分析是在提前不知道成本数据特征与复杂性的情况下进行的，其基本思想是首先对 $C_1, C_2, C_3, \cdots, C_n$ 成本数据求中心，得到一个 $m$ 维的中心向量 $O$，然后求各个成本向量跟中心的距离，从大到小进行排序，过滤掉前 $k$ 个(也可以通过阈值进行过滤)，这样迭代几次就能找到正常样本的集合，迭代几次后，求出正常样本集合后，样本集合的中心可视为样本的特征，以后的新样本序列，可以通过直接求欧式距离，当欧式距离大于一个阈值就视为非正常样本，提前设定相应不同等级的阀值，这样聚类数目和非正常样本的偏差度等级就可以实现自动划分，就实现了动态的成本偏差度确定，并且能够发现不利的成本偏差，分析产生的原因，根据不同的原因进行成本责任的奖惩[193－195]。

#### 6.2.1.3 成本偏差度分析

在成本偏差度确定后，有必要对成本的偏差情况进行分析，排除一些不可抗力等客观因素的影响所导致的成本突然大幅的增加或减少。由这些因素造成的成本控制偏差问题，均不应对成本责任主体进行惩罚。

首先，检查是否有一些突发的自然因素或是不可抗力情况的发生。有些企业如煤炭企业属于井下生产企业，受自然条件的影响很大，容易发生安全事故，当遇到水、火、瓦斯和冒顶等自然灾害的影响时可能会采取一些规避措施，甚至可能暂时停产，这些都会影响到成本控制的偏差。

其次，检查该考核期内是否有工作面的搬迁、管理人事的变动等管理因素，工作面的搬迁会消耗大量的人力、成本，管理人事的变动会影响某几个成本单元成本的联动变化。

再次，检查是否是由于机器故障、传感器的失调、或是成本信息化管理系统故障造成成本数据收集的不准确，机器等出现故障影响生产或是材料的浪费，对于这些客观因素所造成的成本偏差，均不应该看成被惩罚的范畴。

最后，检查是否为外部市场环境等问题导致了成本偏差的发生，外部市场环境的变化会导致原材料配件成本、人力资源成本的改变，这些也都会影响成本控制的偏差。当这些客观因素均不存在时，管理者才方可分析造成成本异常的主观管理因素，然后按照所建立的奖罚模型对各个责任中心的责任主体进行成本责任的奖惩。

### 6.2.2　单元奖罚模型的建立

传统成本责任管理蕴含了激励的成分，即企业员工在达到公司既定的成本要求的情况下，就可得到公司应得的奖励。一些煤炭企业为了更好地调动员工的积极性，采取累进的奖罚激励措施，责任主体在完成自己本职工作后，节约成本越多，获得公司的奖金就越多，但是责任成本奖罚并没有科学定量的计算方法，往往是管理者基于责任主体在完成既定的目标成本后获得的奖罚，大多数情况以管理者的主观判断决定，不能够很好地解决实际问题，管理者和员工之间信息出现高度不对称，不能很好地调动员工的积极性。

掌握各个责任主体实际控制成本能力问题的关键是建立一套科学的自报机制，引导各个责任主体主动的暴露信息。通常是管理者在确定预期成本目标后，要求责任主体提出期初完成情况，为了防止责任主体压低自报成本来投机，管理者可以把期初的自报成本与期末考核的完成情况进行对比，辨别责任主体是否存在期初少报、期末狠干来获取奖金的投机行为。如果出现较为明显的责任主体投机倾向，应该及时制定一套有效的制约机制来惩罚这种投机行为，即对其责任成本偏差度进行分析，使企业引入激励机制与责任主体签订主动激励合约，诱使责任主体隐匿的信息暴露在管理者面前，从而积极地引导责任主体努力工作、节约成本。因此，利用完善的奖惩机制引导责任主体在考核的各个阶段报出与实际能力接近的自报数，为企业创造更好的效益，来带动企业的快速发展。

#### 6.2.2.1 模型的建立

本部分在确立了成本偏差度后，排除不可控因素的影响，在成本责任相关系数的基础上，充分发挥责任系数在煤炭企业管理中的作用，借鉴委托代理理论，提出下面的奖罚机制。以 $A_1$ 区 $B_1$ 块的 $U_1$ 单元为例，假设 $U_1$ 单元的成本责任相关系数为 $r_1$，$U_1$ 单元所有相关责任主体的责任系数归一化后的向量表示为 $(r_1^{U_1}, r_2^{U_1}, \cdots, r_n^{U_1})$。设 $U_1$ 单元的实际成本为 $C_{实}$，目标成本为 $C_{目}$，$U_1$ 单元的自报成本目标为 $C_{自}$，并且均已经做了单元线成本的分摊。则针对 $U_1$ 单元提出了下面的奖罚机制

当 $C_{实} > C_{目}$ 时，$U_1$ 单元的惩罚函数如下：

$$F_1^{罚} = \begin{cases} C_{负偏差度}\ r_1 P_{基} + (C_{自} - C_{目}) r_1 P_0 + (C_{实} - C_{自}) r_1 P_1, (C_{自} > C_{实}) \\ C_{负偏差度}\ r_1 P_{基} + (C_{自} - C_{目}) r_1 P_0 - (C_{自} - C_{实}) r_1 P_2, (C_{自} < C_{实}) \end{cases} \tag{6.3}$$

对于所有属于 $U_1$ 单元的第 $i$ 个责任相关主体的惩罚函数则表示为：

$$F_{1i}^{罚} = r_i^{U_1} F_1^{罚} \tag{6.4}$$

这里 $r_i^{U_1}$ 为 $U_1$ 单元的第 $i$ 个责任主体的责任相关系数，$P_{基}$ 为基本奖惩力度，与所在单元的成本解决情况相关，在确定 $P_{基}$ 时需要保证当 $C_{自} = C_{实}$ 时 $F_1^{罚}$ 或 $F_1^{奖}$ 均大于零，$P_0$ 为本自报奖罚系数，$P_1$ 为完成自报的奖励系数，$P_2$ 为没有完成自报的惩罚系数，且有 $P_1 < P_0 < P_2$。$((C_{实} - C_{目})/C_{目}) r_1 P_{基}$ 为未完成目标成本的基本惩罚，$(C_{自} - C_{目}) r_1 P_0$ 为自报成本目标的基本惩罚，$(C_{实} - C_{自}) r_1 P_1$，$(C_{自} - C_{实}) r_1 P_2$ 分别为完成自报成本目标和未完成自报成本目标的奖惩抵消项。

对上式惩罚函数 $F_i^{罚}$ 对责任主体自报成本求导，可得

$$\frac{\partial F_1^{罚}}{\partial C_{自}} = \begin{cases} r_1 (P_0 - P_1) > 0, (C_{自} > C_{实}) \\ r_1 (P_0 - P_2) < 0, (C_{自} < C_{实}) \end{cases} \tag{6.5}$$

则当 $C_{自} > C_{实}$ 时，惩罚函数为增函数，当 $C_{自} < C_{实}$ 时惩罚函数为减函数，因

此只有当$C_{自}=C_{实}$时惩罚值最小，为$C_{负偏差度}P_{基}+(C_{自}-C_{目})r_1P_0$。

当$C_{实}<C_{目}$时，$U_1$单元的奖励函数$F_1^{奖}$如下

$$F_i^{奖}=\begin{cases}C_{正偏差度}r_1P_{基}+(C_{目}-C_{自})r_1P_0+(C_{自}-C_{实})r_1P_1,(C_{自}>C_{实})\\C_{正偏差度}r_1P_{基}+(C_{目}-C_{自})r_1P_0-(C_{实}-C_{自})r_1P_2,(C_{自}<C_{实})\end{cases}\tag{6.6}$$

对于所有属于$U_1$单元的第$i$个责任相关主体的奖励函数则表示为：

$$F_{1i}^{奖}=r_i^{U_1}F_1^{奖}\tag{6.7}$$

其中，$C_{正偏差度}r_1P_{基}$为完成目标成本的基本奖励，$(C_{目}-C_{自})r_1P_0$为自报成本目标的基本奖励项，$(C_{自}-C_{实})r_1P_1$，$(C_{实}-C_{自})r_1P_2$分别为完成自报成本目标和未完成自报成本目标的奖罚抵消项。

对上式奖励函数$F_i^{奖}$对责任主体自报成本求导，可得

$$\frac{\partial F_i^{奖}}{\partial C_{自}}=\begin{cases}r_1(P_1-P_0)<0,(C_{自}>C_{实})\\r_1(P_2-P_0)>0,(C_{自}<C_{实})\end{cases}\tag{6.8}$$

则当$C_{自}>C_{实}$时，奖励函数为减函数，当$C_{自}<C_{实}$时奖励函数为增函数，因此只有当$C_{自}=C_{实}$时奖励值最大为$C_{正偏差度}r_1P_{基}+(C_{目}-C_{自})r_1P_0$。

通过奖罚函数可以看出责任主体在成本管理时必须努力完成目标，尽量降低成本，才能获得最基本的奖励$C_{正偏差度}r_1P_{基}$，并且当自报成本接近实际成本时才有可能获得最多的奖励或者最少的惩罚。

#### 6.2.2.2 模型分析

以奖励模型为例说明，模型的基本思路是：在信息非对称的情况下，管理者首先根据企业自身能力制定一个目标成本和一个基本奖罚力度，同时成本管理单元、块、区责任主体根据自身情况报出一个目标成本，当单元责任主体能够完成任务实现成本节约即$C_{实}<C_{目}$时，将所节省的成本按着一定的比例分配给各个单元责任主体，在这种机制下，责任主体工作越努力，所获得的奖励金额越高，体现在$C_{正偏差度}r_1P_{基}$项，$\omega_1$体现了责与利的对应，$P_{基}$是与责任中心成本节约情况相关的系数，其引入改善了传统应用型奖惩模型，随着$C_{目}$、$C_{实}$、$C_{自}$之间差距的减小，不利于保持责任主体的努力状态。

根据实际成本与自报成本以及自报成本与目标成本的大小关系，确定当单

元责任主体隐瞒成本信息时的奖惩力度，即$(C_{目}-C_{自})r_1P_0+(C_{自}-C_{实})r_1P_1$与$(C_{目}-C_{自})r_1P_0-(C_{实}-C_{自})r_1P_2$，可知当$C_{自}>C_{实}$时，LUBA 模型的某一单元、块、区的收益会随着自报成本的增加而减少，当$C_{自}<C_{实}$时责任主体的收益会随着自报成本的减少而减少，因此当单元责任主体的自报成本与实际成本相等时，责任主体所获得的收益最大，且最大收益为$C_{正偏差度}\ r_1P_{基}+(C_{自}-C_{目})r_1P_0$。

通过分析可以看出该模型能够促使单元各个责任主体的工作态度由被动向主动转变。这种确定责任主体的奖励方法比较符合经营管理习惯，具有较高的操作性。并且在这种激励下，能够促进责任主体说“真话”，不仅促使其上报真实的目标成本，而且促使其主动暴露相关私有信息，减少煤炭企业成本责任管理中责任主体间信息不对称所带来的影响。

下面以山西 SM 煤业 2015 年的采煤单元第一季度成本数据为例，说明该奖惩模型的有效性。奖惩数值算例如表 6-1 所示。

**表 6-1　奖惩数值算例表**

| | 1 月 | 2 月 | 3 月 |
|---|---|---|---|
| 单元成本 | 142 558.87 | 142 685.14 | 142 825.56 |
| 目标成本 | 150 000.00 | 150 000.00 | 150 000.00 |
| 自报成本 | 145 000.00 | 142 000.00 | 142 600.00 |
| $P_{基}$值 | 10 | 10 | 10 |
| $P_0$ 值 | 4 | 4 | 4 |
| $P_1$ 值 | 2 | 2 | 2 |
| $P_2$ 值 | 6 | 6 | 6 |
| 单元责任系数 | 0.35 | 0.35 | 0.35 |
| 奖惩值 | 36 709.4 | 37 761.5 | 37 887.5 |

由此可以看出，随着自报成本数与实际成本数越接近，则相应单元获得的奖励数值越多。

信息不对称会降低双方的努力水平和企业的期望收益，若要达到信息对称，则需付出较大的成本，本书建立的奖惩模型，不仅与目标成本的实际完成情况有关，还与相关责任主体的责任大小与责任主体的自报目标成本关联起来，能够引导各责任主体由被动变为主动，合理地进行成本控制，尤其是承担责任相对比较多的部门，促使各责任主体准确上报数据，有利于自动暴露成本管理的信息，有效地解决了由于信息不对称所带来的管理问题。

### 6.2.3　块成本、区成本奖惩模型的建立

LUBA 成本管理模型中块成本、区成本的奖惩模型建立可以采取与单元成本模型建立相同的方法来确定。在相应的块线成本、区线成本进行分摊之后，首先由管理者确定块、区的目标成本 $C_{目}^{B}$、$C_{目}^{A}$，然后各个块、区的负责人上报一个可以完成的自报成本 $C_{自}^{B}$、$C_{自}^{A}$，最后按照上节的方法，根据所考核的块、区的实际成本完成情况 $C_{实}^{B}$、$C_{实}^{A}$，标准化处理后的相关责任系数 $r^{B}$、$r^{A}$ 情况，块、区的基本奖惩力度 $P^{B}$、$P^{A}$，基本自报奖罚系数 $P_{0}^{B}$、$P_{0}^{A}$，完成自报的奖励系数 $P_{1}^{B}$、$P_{1}^{A}$，没有完成自报的惩罚系数 $P_{2}^{B}$、$P_{2}^{A}$ 等情况确定块成本责任奖惩模型如下：

$$F_{B}^{奖}=\begin{cases}C_{正偏差度}^{B}\ r^{B}P_{基}^{B}+(C_{目}^{B}-C_{自}^{B})r^{B}P_{0}^{B}+(C_{自}^{B}-C_{实}^{B})r^{B}P_{1}^{B},(C_{自}^{B}>C_{实}^{B})\\ C_{正偏差度}^{B}\ r^{B}P_{基}^{B}+(C_{目}^{B}-C_{自}^{B})r^{B}P_{0}^{B}-(C_{实}^{B}-C_{自}^{B})r^{B}P_{2}^{B},(C_{自}^{B}<C_{实}^{B})\end{cases}\tag{6.9}$$

$$F_{B}^{罚}=\begin{cases}C_{负偏差度}^{B}\ r^{B}P_{基}^{B}+(C_{自}^{B}-C_{目}^{B})r^{B}P_{0}^{B}+(C_{实}^{B}-C_{自}^{B})r^{B}P_{1}^{B},(C_{自}^{B}>C_{实}^{B})\\ C_{负偏差度}^{B}\ r^{B}P_{基}^{B}+(C_{自}^{B}-C_{目}^{B})r^{B}P_{0}^{B}-(C_{自}^{B}-C_{实}^{B})r^{B}P_{2}^{B},(C_{自}^{B}<C_{实}^{B})\end{cases}\tag{6.10}$$

区成本的奖惩模型如下：

$$F_{A}^{奖}=\begin{cases}C_{正偏差度}^{A}\ r^{A}P_{基}^{A}+(C_{目}^{A}-C_{自}^{A})r^{A}P_{0}^{A}+(C_{自}^{A}-C_{实}^{A})r^{A}P_{1}^{A},(C_{自}^{A}>C_{实}^{A})\\ C_{正偏差度}^{A}\ r^{A}P_{基}^{A}+(C_{目}^{A}-C_{自}^{A})r^{A}P_{0}^{A}-(C_{实}^{A}-C_{自}^{A})r^{A}P_{2}^{A},(C_{自}^{A}<C_{实}^{A})\end{cases}\tag{6.11}$$

$$F_{A}^{罚}=\begin{cases}C_{负偏差度}^{A}\ r^{A}P_{基}^{A}+(C_{自}^{A}-C_{目}^{A})r^{A}P_{0}^{A}+(C_{实}^{A}-C_{自}^{A})r^{A}P_{1}^{A},(C_{自}^{A}>C_{实}^{A})\\ C_{负偏差度}^{A}\ r^{A}P_{基}^{A}+(C_{自}^{A}-C_{目}^{A})r^{A}P_{0}^{A}-(C_{自}^{A}-C_{实}^{A})r^{A}P_{2}^{A},(C_{自}^{A}<C_{实}^{A})\end{cases}\tag{6.12}$$

此外，块成本、区成本的奖罚模型还可以通过单元成本奖罚模型合成得到，假设所涉及的线成本均已做了分摊，所考核的块成本中包含 $n$ 项单元成本，并且各项单元成本在块中的权重记为 $\rho^{U}=(\rho_{1}^{U},\rho_{2}^{U},\cdots,\rho_{n}^{U})$，区成本包含 $m$ 项块成

本，且各块成本在区成本中所占权重为 $\rho^B=(\rho_1^B,\rho_2^B,\cdots,\rho_n^B)$，并且第 $i$ 项单元成本的奖罚模型分别表示为 $F_{U_i}^{奖}$、$F_{U_i}^{罚}$，则相应第 $i$ 块成本的奖罚模型 $F_{B_j}^{奖}$、$F_{B_j}^{罚}$，可以表示为

$$F_{B_j}^{奖}=\sum_{i=1}^{n}\rho_i^U F_{U_i}^{奖} \tag{6.13}$$

$$F_{B_j}^{罚}=\sum_{i=1}^{n}\rho_i^U F_{U_i}^{罚} \tag{6.14}$$

则相应第 $k$ 个区成本的奖罚模型 $F_{A_k}^{奖}$、$F_{A_k}^{罚}$，可以表示为

$$F_{A_k}^{奖}=\sum_{j=1}^{m}\rho_i^B F_{B_j}^{奖}=\rho_i^U\rho_i^B\sum_{j=1}^{m}\sum_{i=1}^{n}F_{U_i}^{奖} \tag{6.15}$$

$$F_{A_k}^{罚}=\sum_{j=1}^{m}\rho_i^B F_{B_i}^{罚}=\rho_i^U\rho_i^B\sum_{j=1}^{m}\sum_{i=1}^{n}F_{U_i}^{罚} \tag{6.16}$$

## 6.3 面向可视化的材料回收成本责任奖罚模型

在煤炭企业中，由于材料并不构成煤炭产品的实体，导致了多数材料的管理困难，在实际生产中存在很多浪费的现象，材料的回收工作不到位，材料的保管、发放、使用等都存在问题。目前煤炭企业无论在材料回收管理的考核奖惩和制度建立上都存在一定的缺陷，因此本节针对煤炭企业材料配件的回收复用工作建立奖惩模型，并对模型的有效性进行分析，通过对责任中心的奖惩机制来引导煤炭企业积极主动的进行材料回收，提高材料的利用率，有效地降低浪费和材料回收带来的成本异常问题。

### 6.3.1 模型建立

1. 模型假设与变量定义

设 $I$ 为单元成本、块成本、区成本责任中心对材料配件回收复用的固定投资，即回收体系建设的投资，$\tau$ 为煤炭企业材料配件的回收率，并且有 $\tau=S\sqrt{I}$，$S$ 为规模系数。可知 $I=H\tau^2$，其中，$H=\dfrac{1}{S^2}$，令 $\vartheta^2=H$，$\vartheta$ 可以作为各责任中心从

相应的责任主体处回收材料配件的难度系数。

假设责任中心回收与处理材料配件的单位可变成本为 $A$，利用回收的材料配件生产原煤的吨煤成本为 $C_R$，用新材料配件生产原煤的吨煤成本为 $C_N$。

记 $\Delta=C_N-C_R-A$，表示利用回收材料配件的成本优势，设 $\varphi$ 为市场规模，$C_N\ll\varphi$，$\alpha$ 为回收材料配件的再利用率。设煤炭市场价格为 $P$，市场对煤炭的需求函数 $D(P)=(\varphi-P)$。

2. 模型建立

针对各个责任中心对材料配件的回收复用建立如下奖惩模型：

$$F=C_{\text{正偏差度}}\,rP_{\text{基}}+rC_{\text{正偏差度}}(\tau-\tau_0)K \tag{6.17}$$

其中 $F$ 为各个责任中心的奖励或惩罚函数，$C_{\text{正偏差度}}$ 为上一节定义的正偏差度，$P_{\text{基}}$ 为基本奖罚力度，$K$ 为材料配件回收基本奖罚力度，$r$ 为责任中心的责任系数，$C_{\text{正偏差度}}\,rP_{\text{基}}$ 是基本奖惩项，$rC_{\text{正偏差度}}(\tau-\tau_0)K$ 是回收任务完成情况奖惩项，则各责任中心在煤炭生产的过程中一部分是使用新材料，一部分是使用回收的材料。由于各责任中心的目的都是使自己的利益最大化，则各责任中心的利润如下：

$$\begin{aligned}U_{\pi\text{回}}&=(1-\alpha\tau)(\varphi-P)(P-C_N)+\alpha\tau(\varphi-P)(P-A-C_R)-H\tau^2\\&\quad+C_{\text{正偏差度}}\,rP_{\text{基}}+rC_{\text{正偏差度}}\,K(\tau-\tau_0),0\leqslant\tau\leqslant1\end{aligned} \tag{6.18}$$

其中 $(1-\alpha\tau)(\varphi-P)(P-C_N)$ 代表使用新材料时的利润，$\alpha\tau(\varphi-P)(P-A-C_R)$ 代表使用回收材料配件的利润，$U_{\pi\text{回}}$ 是关于 $P$、$\tau$ 的凹函数，对 $\tau$、$P$ 求偏导可得：

$$\tau=\begin{cases}\dfrac{rC_{\text{正偏差度}}\,K+\alpha(\varphi-P)\Delta}{2H},K>-\dfrac{\alpha(\varphi-P)\Delta}{rC_{\text{正偏差度}}}\\[2ex]0,K\leqslant-\dfrac{\alpha(\varphi-P)\Delta}{rC_{\text{正偏差度}}}\end{cases} \tag{6.19}$$

$$P=\frac{\varphi+C_N-\alpha\tau\Delta}{2} \tag{6.20}$$

将上面的两个式子联立可以得到利润最优情况下的回收率 $\tau^*_{\pi\text{回}}$ 和价格 $P^*_{\pi\text{回}}$：

$$\tau_{\pi回}^{*}=\begin{cases}\dfrac{2rC_{正偏差度}K+\alpha(\varphi-C_N)\Delta}{4H-(\alpha\Delta)^2},\Delta>0\\ \dfrac{2rC_{正偏差度}K+\alpha(\varphi-C_N)\Delta}{4H-(\alpha\Delta)^2},\Delta\leqslant 0,K\geqslant-\dfrac{\alpha(\varphi-C_N)\Delta}{2rC_{正偏差度}}\\ 0,\Delta\leqslant 0,0<K\geqslant-\dfrac{\alpha(\varphi-C_N)\Delta}{2rC_{正偏差度}}\end{cases}\tag{6.21}$$

将得出的 $\tau_{\pi回}^{*}$ 带入 $P_{\pi回}^{*}$ 中可得：

$$P_{\pi回}^{*}=\begin{cases}\dfrac{2H(\varphi+C_N)-(\alpha\Delta)^2\varphi-\alpha\Delta rC_{正偏差度}K}{4H-(\alpha\Delta)^2},\Delta>0\\ \dfrac{2H(\varphi+C_N)-(\alpha\Delta)^2\varphi-\alpha\Delta rC_{正偏差度}K}{4H-(\alpha\Delta)^2},\Delta\leqslant 0,K\geqslant-\dfrac{\alpha(\varphi-C_N)\Delta}{2rC_{正偏差度}}\\ \dfrac{\varphi+C_N}{2},\Delta\leqslant 0,0<K\geqslant-\dfrac{\alpha(\varphi-C_N)\Delta}{2rC_{正偏差度}}\end{cases}\tag{6.22}$$

为使得上面的利润最大时的回收率 $\tau^{*}$，以及市场价格 $P^{*}$ 有意义，即 $P^{*}>0$，可知：当 $\Delta>0$ 时，$K<\dfrac{2H(\varphi+C_N)-(\alpha\Delta)^2\varphi}{\alpha\Delta rC_{正偏差度}}$，当 $\Delta\leqslant 0$ 时，$-\dfrac{\alpha(\varphi-C_N)\Delta}{2rC_{正偏差度}}>\dfrac{2H(\varphi+C_N)-(\alpha\Delta)^2\varphi}{\alpha\Delta rC_{正偏差度}}$。

则可以求出最优产量 $D(P^{*})$ 为

$$\begin{aligned}D(P_{\pi回}^{*})&=\varphi-P_{\pi回}^{*}\\&=\begin{cases}\dfrac{2H(\varphi-C_N)+\alpha\Delta rC_{正偏差度}K}{4H-(\alpha\Delta)^2},\Delta>0\\ \dfrac{2H(\varphi-C_N)+\alpha\Delta rC_{正偏差度}K}{4H-(\alpha\Delta)^2},\Delta\leqslant 0,K\geqslant-\dfrac{\alpha(\varphi-C_N)\Delta}{2rC_{正偏差度}}\\ \dfrac{\varphi-C_N}{2},\Delta\leqslant 0,0<K\geqslant-\dfrac{\alpha(\varphi-C_N)\Delta}{2rC_{正偏差度}}\end{cases}\end{aligned}\tag{6.23}$$

由所求出的 $\tau_{\pi回}^{*}$、$P_{\pi回}^{*}$、$D(P_{\pi回}^{*})$ 带入 $U_{\pi回}$ 中，可以得出回收奖惩机制下 LUBA 成本管控各责任中心的利润。

### 6.3.2　模型分析

1. 当责任中心不回收材料配件时的决策分析

各责任中心的决策目标为实现自身的利润最大化，各责任中心的利润表示为

$$U_{\pi}=(\varphi-P)(P-C_N)+C_{\text{正偏差度}}\,rP_{\text{基}} \tag{6.24}$$

可知责任中心的利润由两部分构成，分别是生产利润与基本奖惩，可知 $U_{\pi}$ 有最大值，则当利润最大时，价格 $P^*$ 为

$$P^*=\frac{\varphi+C_N}{2} \tag{6.25}$$

市场需求 $D(P^*)$ 为

$$D(P^*)=\frac{\varphi-C_N}{2} \tag{6.26}$$

责任中心利润 $U_{\pi}$ 为

$$U_{\pi}^*=\frac{(\varphi-C_N)^2}{4}+C_{\text{正偏差度}}\,rP_{\text{基}} \tag{6.27}$$

2. 无回收奖惩下各责任中心回收材料配件决策分析

在回收材料配件时，各责任中心进行生产，一部分使用新材料、一部分使用回收的材料，各责任中心的目标为最大化各自的利润。在有基本奖惩，无回收奖惩情况下责任中心的利润表示如下：

$$U_{\pi\text{基}}=(1-\alpha\tau)(\varphi-P)(P-C_N)+\alpha\tau(\varphi-P)(P-A-C_R)-H\tau^2+C_{\text{正偏差度}}\,rP_{\text{基}}$$

上式对 $\tau$、$P$ 求偏导得

$$\tau=\begin{cases}\dfrac{\alpha\Delta(\varphi-P)}{2H}, & \Delta>0\\[2ex] 0, & \Delta\leqslant 0\end{cases} \tag{6.28}$$

$$P=\begin{cases}\dfrac{\varphi+C_N-\alpha\Delta\tau}{2}, & \Delta>0\\[2ex] \dfrac{\varphi+C_N}{2}, & \Delta\leqslant 0\end{cases} \tag{6.29}$$

联立上述两式得到只有基本奖惩时利润最优情况下的回收率 $\tau^*_{\pi基}$ 和价格 $P^*_{\pi基}$：

$$\tau^*_{\pi基}=\begin{cases}\dfrac{\alpha\Delta(\varphi-C_N)}{4H-(\alpha\Delta)^2}, & \Delta>0\\ 0, & \Delta\leqslant 0\end{cases}\tag{6.30}$$

$$P^*_{\pi基}=\begin{cases}\dfrac{2H(\varphi+C_N)-\varphi(\alpha\Delta)^2}{4H-(\alpha\Delta)^2}, & \Delta>0\\ \dfrac{\varphi+C_N}{2}, & \Delta\leqslant 0\end{cases}\tag{6.31}$$

责任中心的利润 $U^*_{\pi基}$ 为：

$$U^*_{\pi基}=\begin{cases}\dfrac{H(\varphi-C_N)^2}{4H-(\alpha\Delta)^2}+C_{正偏差度}\,rP_{基}, & \Delta>0\\ \dfrac{(\varphi-C_N)^2}{4}+C_{正偏差度}\,rP_{基}, & \Delta\leqslant 0\end{cases}\tag{6.32}$$

3. 对比分析

对责任中心不回收材料配件与回收材料配件但没有回收奖惩时做对比可知，当 $\Delta>0$ 时，通过分析可知 $P^*>P^*_{\pi基}$，即责任中心不回收材料配件时的利润最大价格小于与回收材料配件但只有基本奖励时的利润最大价格，则有 $D(P^*)<D(P^*_{\pi基})$，$U^*_{\pi基}>U^*_{\pi}$。当 $\Delta\leqslant 0$ 时，$P^*=P^*_{\pi基}$，$U^*_{\pi基}=U^*_{\pi}$。

对于回收时有无回收奖惩的比较可知当 $\Delta>0$ 时，$\dfrac{\alpha\Delta(\varphi-C_N)}{4H-(\alpha\Delta)^2}<\dfrac{2rC_{正偏差度}K+\alpha(\varphi-C_N)\Delta}{4H-(\alpha\Delta)^2}$，$\dfrac{2H(\varphi+C_N)-\varphi(\alpha\Delta)^2}{4H-(\alpha\Delta)^2}>\dfrac{2H(\varphi+C_N)-(\alpha\Delta)^2\varphi-\alpha\Delta rC_{正偏差度}K}{4H-(\alpha\Delta)^2}$，则加入回收奖惩项时，回收率变大，并且回收率随着回收后的再利用率的提高而增大，相应的产品销售价格随着加入回收奖惩而变小。当 $\Delta\leqslant 0$，$K\geqslant-\dfrac{\alpha(\varphi-C_N)\Delta}{2rC_{正偏差度}}$时，加入回收奖惩的回收率大于未加入奖惩的回收率，当 $\Delta\leqslant 0$，$0<K\geqslant-\dfrac{\alpha(\varphi-C_N)\Delta}{2rC_{正偏差度}}$时，两种情况回收率相等，$\tau^*_{\pi基}=\tau^*_{\pi回}=0$。当 $\Delta\leqslant 0$，$K\geqslant$

$-\frac{\alpha(\varphi-C_N)\Delta}{2rC_{正偏差度}}$时，回收奖惩时的市场价格小于不回收奖惩的市场价格，即 $P^*_{\pi回}<P^*_{\pi基}$，当 $0<K\geqslant-\frac{\alpha(\varphi-C_N)\Delta}{2rC_{正偏差度}}$时，两种市场价格相等即 $P^*_{\pi回}=P^*_{\pi基}$。

### 6.3.3 数值算例分析

本节通过数值算例分析并参考SM实际情况，分析不同回收奖惩力度下的责任中心的回收率与利润情况。某煤炭企业的井下生产区成本的回采块成本可看成一个责任中心，设该责任中心的相关参数如表6-2所示。

**表6-2 数值算例参数取值表**

| 指标 | $\alpha$ | $\tau_0$ | $\varphi$ | $\vartheta$ | $\Delta$ | $A$ | $C_{正偏差度}$ | $r$ | $P_{基}$ |
|---|---|---|---|---|---|---|---|---|---|
| 数值 | 0.65 | 0.5 | 1 300 | 400 | 7 000 | 200 | 300 | 0.35 | 100 |

则根据上节中的模型，得到回收率与奖惩力度的关系曲线，如图6-3所示。

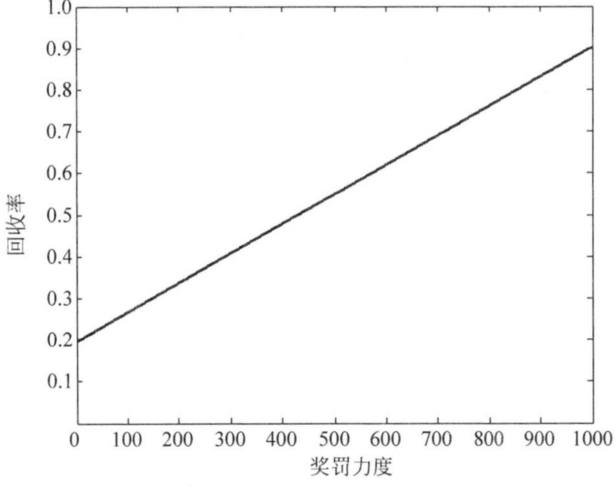


**图6-3 奖罚力度与回收率关系图**

从关系图像上可以看出，回收奖惩力度越大，回收率越大，即设立的奖惩机制对材料配件的回收管理是有效的。

可以得到回收率与责任系数的关系曲线图如图 6-4 所示。

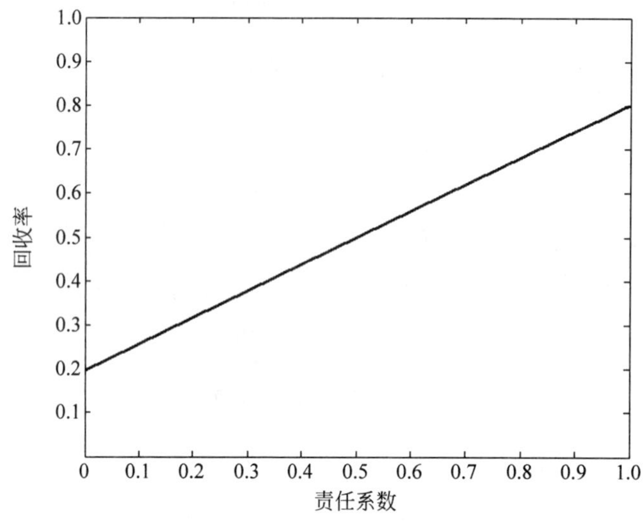


**图 6-4 责任系数与回收率关系图**

可以看出,随着责任系数的增大,则回收率越大,所设计的奖惩机制将责任主体与所承担的责任与回收关系相联系,切实将回收管理落实到各个责任主体,有助于提高责任中心的回收管理水平。

可以得到有回收奖惩时责任中心收益与基本奖惩力度和责任系数的关系如图 6-5 所示。

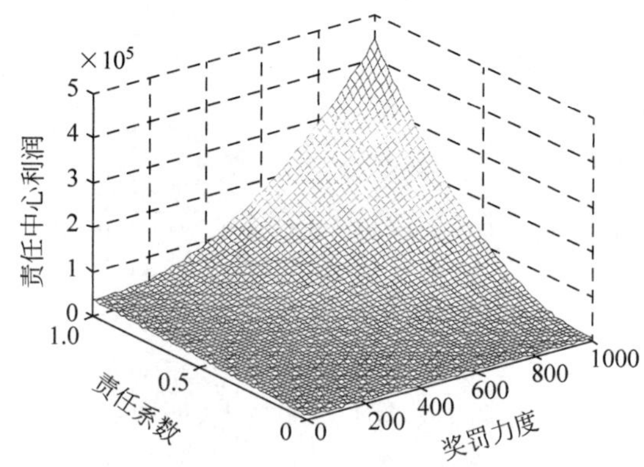


**图 6-5 责任系数、奖罚力度、责任中心利润关系图**

从图中可以直观地看出，责任中心的利润变化随着责任系数的增加而增大，随着奖惩力度的增加先降低后增加，这与实际的情况相符。

由模型分析与数值算例分析可知，所建立的模型可以有效地解决成本责任的信息非对称问题，以及成本责任的材料回收复用问题，当成本的异常不是由这两种因素造成时，则成本责任的奖惩就由 $F_1 = C_{正偏差度} rP_{基}$ 决定。

## 6.4　成本责任管理的可视化

成本责任管理的可视化是做好成本责任管理的有效途径，可视化的成本责任管控手段不仅能够提高相关人员的认知效率，而且能够挖掘属性间的隐含信息。在成本责任量化与奖惩机制量化的基础上，本节将对成本责任可视化相关问题进行探讨，包括可视化的需求、可视化的原则与可视化的内容分析。

### 6.4.1　成本责任管理可视化展示的需求分析

随着企业信息的指数增长，企业的成本也变得更为复杂，成本责任管理的范畴越发广泛，因此，需要借助计算机技术实现自动化的成本责任管理，这就使成本责任管理也逐步走上了信息化的道路。传统的成本责任管理效率低下，管理人员的基本能力和素质差异较大。因此，在信息化的条件下，成本责任管理需要逐步实现透明化、共享化、普及化和高效化。人类视觉系统的高度发达，视觉是人类接收信息的最重要途径之一。因此，将成本责任管理的过程实现可视化，有利管理者全面、快速、直观了解成本责任管理的各环节，责任主体应承担的责任情况更加直观。成本责任管理的可视化展示是借助计算机技术、图形图像学、认知科学等，促进管理者对成本责任管理的接受和认知深度，形成适合企业自身的成本管理模式。企业人员对于成本责任管理可视化展示的需求体现为：

1. 成本信息识别的需求

实现成本责任管理的前提是对成本进行正确的识别。随着企业规模的扩大和企业的社会化程度提高，企业的界限逐渐模糊，企业成本识别的难度也逐渐增大。因此需要借助计算机和可视化技术直观地反映出成本状态信息，以及各利益相关者的关系情况，需要成本责任管理实现可视化展示，在可视化展示的过程中，可以对成本进行全面和清晰的识别，有利于管理者快速、准确地进行成本责任管理的决策。

2. 成本管控的需求

在成本识别的基础上，管理者需要进行成本管控。但是成本控制是一个系统控制过程，往往需要多个环节互相配合实现，因此，成本管控需要对成本发生的各环节具有清晰的认识。成本责任管理的可视化展示能够直观的反映在企业成本责任管理的各个环节，是对于成本全面、直观、细致的划分。基于可视化方式开展成本管控有利于管理者将管理之手深入企业的各个环节，进行系统的成本控制，因此，成本责任管理可视化展示是成本管控的需求。

3. 提高全员成本意识的需求

成本责任管理不仅仅是管理者需要重视的问题，也是企业所有成员值得关注的问题。只有全员提高成本意识，企业才能有效地实现成本责任管理。但是，企业的每个人员不可能了解企业的所有环节，甚至对自己从事的环节也从未思考过如何开展成本管理，追其原因是员工对于成本管理的认识不足，而成本责任管理可视化展示将成本发生过程直观地呈现给企业的所有人员，因此，有利于每个员工直观地认识到成本的发生环节和过程，提升全体员工的成本意识。

综上所述，成本责任管理的可视化展示是企业全体员工识别、管理、控制成本的需求。可视化展示有利于提高成本责任管理水平和效率。它是以企业人员的需求为中心，全面满足所有岗位的成本管理需求，以适宜的可视化方式对成本信息加以直观和形象的表达，从而提高全员对成本的认知，进而增强全员的成本意识。

### 6.4.2 成本责任可视化原则与要求

在成本责任可视化时需要遵循一定的要求与原则，分别是一致性原则、反差化原则、准确性原则、灵活性原则、直观性原则与全面性原则。

1. 一致性原则

成本责任可视化对于内容的展示需要在同一空间维度比较，防止出现跨维，以避免标准不统一的问题，也就是说在进行成本责任可视化展示时，所选择的可视化对象是针对同一个LUBA成本控制单元。同时,展示的空间维度最好与实际的空间维度相一致,以便于给用户以真实感。

2. 反差化原则

在成本责任可视化设计的过程中,不同类型的数据最好由不同的视觉变量来呈现。例如,与色调相比,明度和纹理能够更恰当地展示连续变量,因为它们能清晰地表示"更大"或"更小"。不同名称类别的内容可以用形状或颜色来区分。反差较大的内容需要采用反差较大的颜色或形状进行表示,以突显其内容上的差异。

3. 准确性原则

成本责任可视化的目的是更清晰地展示成本责任之间的关系,还原成本责任的时间与空间属性,因此可视化的结果需要准确的反应内容。可视化作为一种技术手段,就是为了更为明确地把量化分析的数据结果进行可视化的展示,使得管理者能够直接快速地认识问题,并发现新的问题,因此准确性原则是可视化的根本保障。

4. 灵活性原则

成本责任可视化展示需要具备灵活性。首先,成本责任可视化需要满足多视角的视图展示,从不同的角度对责任量化和奖惩量化的结果进行可视化,以便于管理者全面地了解所需要分析的问题;其次,可视化方式需要满足不同用户的个性化需求,既要满足上层领导的需求,也要满足中层领导的需求,还要满足员工的可视化需求,因此需要根据用户类型给出最为适合的可视化方式,从而提高用户对成本责任的认识效率。

5. 直观性原则

成本责任可视化的目的就是使原本复杂的成本责任管理问题、奖惩问题和责任主体之间的关联关系、责任奖惩与员工行为之间的关系等隐含的知识能够通过可视化的手段展现出来,因此在可视化展示时要求能够直观地反映所要了解的知识间的关系,可视化的结果要适应多数人的习惯,尽量采用简单易懂的方式展示内容,符合多数用户的认识习惯。

6. 全面性原则

成本责任可视化需要以可视化的方式全面反映成本责任的构成、划分、变动、关联关系以及成本的来源、质量、奖惩情况。在展示的过程中，需要给用户一个全面的展示，再由总体逐步深入，使用户对于成本责任具有正确的认识。

### 6.4.3 成本责任管理可视化内容分析与展示

基于 LUBA 的煤炭企业成本责任管理是面向可视化的，煤炭企业成本责任可视化面向的是与成本发生有关的责任主体的管理，以及相关的各类信息资源，这些信息资源反映了成本管理的状态效果，根据管理者的不同要求，可以将成本责任的可视化划分为下面的四类：

1. 成本控制状态可视化

良好的成本控制状态是成本责任管理的最终目的，成本控制情况的可视化是成本责任可视化最基础的功能，成本控制状态的可视化，不仅包括成本完成目标情况的展示，即成本的偏差度，还包括 LUBA 层次结构中成本控制的变动情况的展示，满足了管理者对于成本信息时间维度与空间维度的处理，使得管理人员能够对成本发生的偏差情况进行准确定位。对于基本的成本控制状态的可视化示意图如图 6-6 所示：

其中单元下方状态条中的绿色代表成本控制完成目标的程度，每一个单元的绿色状态条越长说明成本控制的越好，状态条红色代表成本控制存在偏差，这时管理者需要注意，或是采取一定的措施。

2. 责任主体信息可视化

责任主体的信息可视化是指对于每一个单元成本、块成本、区成本、线成本进行的相关责任主体通过信息化系统能够进行查询而且可以进行可视化展示，并且对于每一个责任主体对应于块、单元、区、线的责任相关系数大小可以使用系统进行直观展示，同时使用不用的颜色进行大小的区分，不仅能够使得管理者非常直接又方便地对于各个控制中心的成本责任主体相关信息进行掌控，满足管理者对于成本责任管理的效率要求，而且能够使得各个责任主体能够快速识别与自己有很大相关度的成本信息和自己应该承担的责任。责任层次选择可视化展示示意如图 6-7 所示。

井下生产
掘进
超前钻探
掘锚机凿岩
装岩
运岩
架设支护
铺轨
掘砌水渠
折旧
回采
采煤机割煤
装煤（清煤）
工作面运煤
液压支架支护
采空区处理
折旧
机电维护
系统设置安装
电力配送
调试、调度
机电设备维修
折旧
运输
主运输
辅助运输
铺轨
提升
折旧
通风
通风
防煤尘
防火
防瓦斯
折旧
辅助
井下清洁
井下排水
巷道维修
折旧
电费
折旧
专项费用

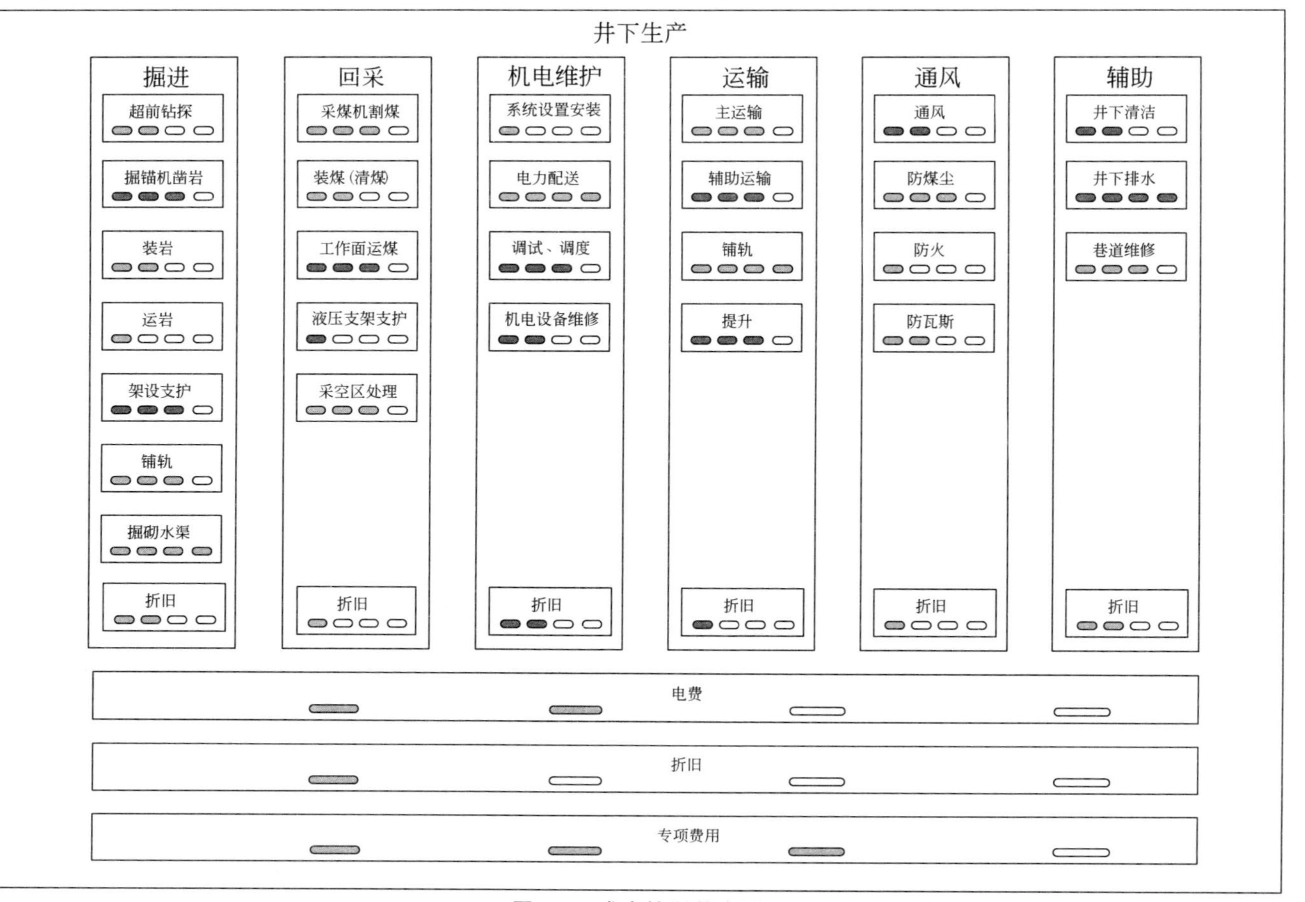

**图 6-6　成本控制状态图**

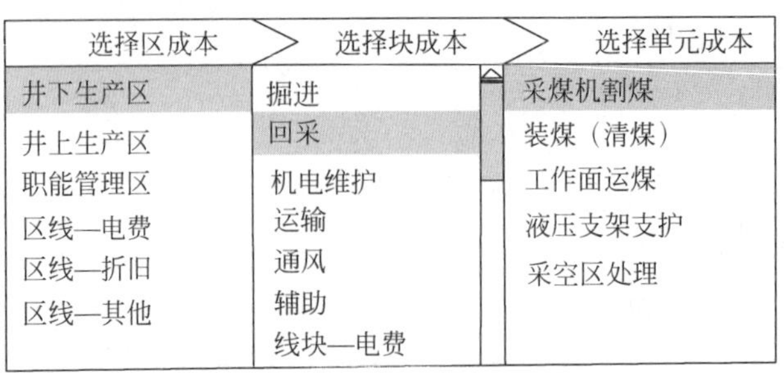


图 6-7 责任层次选择可视化展示示意图

通过在层次结构上进行选择，管理者可以了解到任意成本控制单元或块、区上的责任主体情况和相应的责任主体的责任系数情况，则成本责任主体的责任系数可视化展示示意如图 6-8 所示。

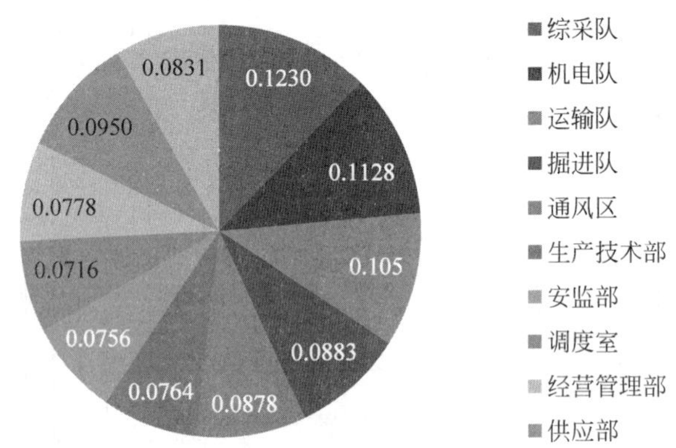


图 6-8 责任主体责任系数情况可视化展示示意图

3. 责任系数变动可视化

对于责任系数的变动可视化是指，在时间维度上对于每一个单元成本、块成本、区成本、线成本的责任主体的责任相关系数变动情况进行可视化展示，通过责任系数随着时间的变化情况，管理者不仅能查看当前的责任状态，而且能够以此为基础对某责任主体的成本责任系数进行趋势的预测。责任系数的变化趋势往往是管理者所应关注的关键问题，常常可以帮助管理人员及时发现成本管控问题，这是成本责任可视化的重要内容。责任系数一年内的变化情况可视化展示示意如图 6-9 所示。

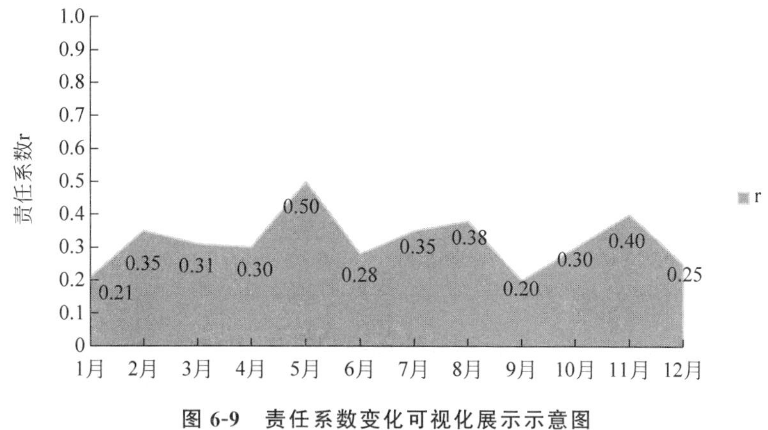


**图 6-9　责任系数变化可视化展示示意图**

从图中能够看出某个责任主体的责任系数的变动情况，管理者进行决策时往往不仅仅局限于对于某一个因素或参数的分析，而且还需要对于各因素有整体的认识和把控，需要了解某个成本控制单元上的所有责任主体的责任系数变动情况，其可视化展示效果如图 6-10 所示。

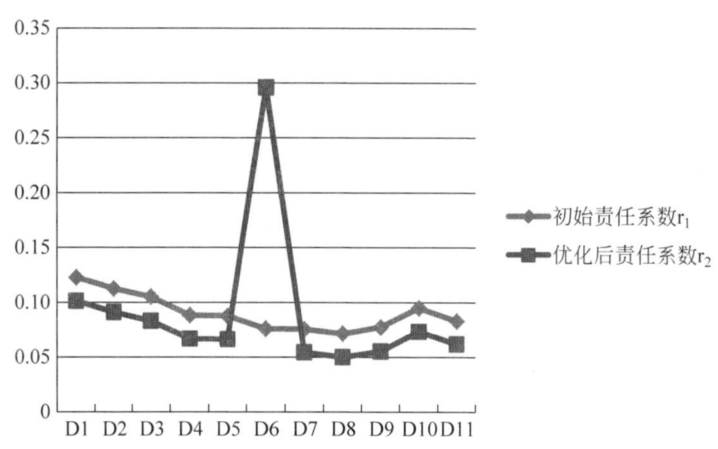


**图 6-10　责任系数变化对比可视化展示效果**

4. 责任奖惩情况可视化

成本责任奖惩可视化是将 LUBA 成本管理模型中的每一个责任中心的相关责任主体的奖惩情况进行动态展示，并且，对于不同责任中心的奖惩进行比较展示、对同一个责任中心的不同责任主体的奖惩进行比较展示、对于同一个责任主体的奖惩变化趋势进行奖惩展示，责任奖惩可视化还包括对不同的偏差条件分析后的信息非对称和材料回收复用奖惩的展示。基础的单元奖惩可视化示意如图 6-11 所示。

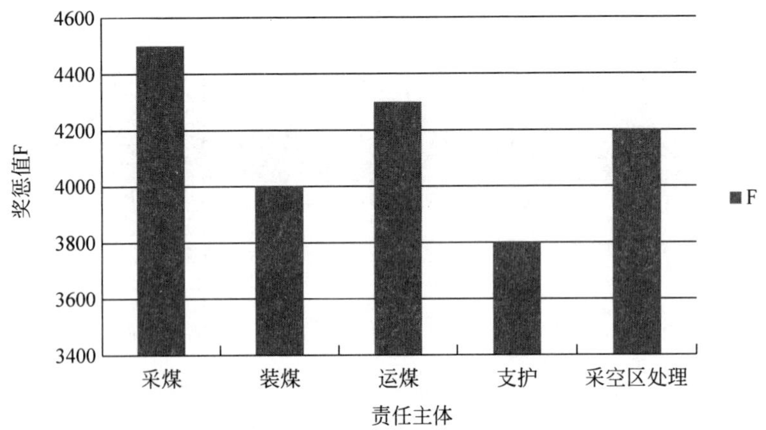


**图 6-11　责任奖惩可视化展示示意图**

## 6.5　本章小结

本章主要研究了成本责任系数的一种应用，即奖惩机制。首先从一般奖惩机制的特征、作用模式、煤炭企业奖惩机制研究的必要性、煤炭企业奖惩的一般模型和成本异常管理因素分析这几个方面对奖惩进行了分析，通过分析得出煤炭企业存在信息的非对称以及材料回收复用所造成的成本异常，然后分别针对这两种情况进行了奖惩模型的设计，从而引导责任主体主动暴露信息和积极进行材料回收复用，最后对成本责任可视化的必要性、要求和内容进行了分析，并且设计了成本责任管理可视化展示图。

# 第7章 结论与展望

## 7.1 主要结论

成本责任管理是成本管理的重要内容，做好成本责任的量化管理对促进煤炭企业的信息化发展有着非常重要的作用。当前，国内成本责任管理方面还不是很成熟，尤其是煤炭企业的成本责任管理，涉及的责任主体比较多，责任归属不明确，责任主体的权、责、利不统一，没有针对性的奖惩与激励措施。因此，本书通过采用文献比较的方法、博弈论的方法、直觉梯形模糊数的方法、数学建模等方法，研究了成本责任系数如何确定，成本责任系数的优化，成本责任奖惩机制，以便更加深入探讨成本责任管理相关规律，为成本责任的可视化管理打下基础。通过分析，本书得出下面的相关结论：

(1) 可视化成本管理成为煤炭企业成本管控的必然发展趋势。当前的煤炭企业在成本管理中成本发生的时空属性很难确定、成本管理的技术手段以及有效的管理方法比较缺失、责任管理比较混乱，基于成本有关的数据资源的认知和利用率不足，这些都成为制约煤炭企业发展的重要因素。可视化的成本管理利用认知心理学理论、借助现代化的信息技术手段能够有效地提升煤炭企业的成本管理效率，突破成本管理的瓶颈。

(2) 煤炭企业成本责任管理缺乏系统的研究。在责任成本管理方面，国内外学者已经做了大量的研究工作，其理论体系也比较成熟，但是对于煤炭企业来说，其理论研究和应用还比较落后。明确成本责任主体、进行成本责任划分是进行责任管理的前提，只有明确了成本责任主体，成本责任管理及成本责任的可视化才有了明确的管理对象和可视化对象。本书基于 LUBA 管理模型的基本原理，提出了煤炭企业的 LUBA 成本管理模型；以 LUBA 成本管理模型为基础进行了成本责任的划分与确定；通过分析成本的构成、属性、成本责任管理的内涵和特点，提出了成本责任管理体系的三个重要问题。

(3) 博弈论的方法和直觉梯形模糊数的方法可以解决煤炭企业成本责任量化的问题。本书采用博弈论的方法和直觉模糊的方法对责任系数的确定进行了研究，博弈论的方法中对 Nash 谈判方法、Shapley 值法、核仁方法等进行了研究，直觉梯形模糊理论中分别对属性已知和属性未知两种方法进行了研究，得出了对于成本责任系数的确定问题，使用博弈论的方法和使用直觉模糊的方法各有优势，博弈论的方法在某种程度上具有优势，能够反映一定原则上的合理性，但是比较片面，直觉梯形模糊的方法能够细腻的描述客观世界模糊的本质，为不确定条件下的复杂决策问题提供新思路，但是对于各因素之间的相互关系与作用体现不够明确，在使用时要合理选择。

(4) 煤炭企业成本责任系数随着环境的改变而自适应优化，有利于提高与保持煤炭企业以及各个责任的收益，并且利用智能优化的算法可以对责任系数优化模型求解。本书通过分析得出企业战略与管理重点的改变、成本责任管理系统中成本管理效果的反馈、成本责任管理系统自身的优化与调节和各个责任主体之间的博弈等都是成本责任系数优化的动因，本书还建立了成本责任系数优化模型并利用遗传算法进行求解证明了该模型的有效性，通过对模型进行分析，得出责任主体的努力水平随着责任系数的变大先增大，到一定程度后开始减小，符合边际效应递减规律，责任控制中心的收益随着责任主体的责任系数先变大后变小，因此合理的确定成本责任系数，才能增加煤炭企业的收益。

(5) 科学合理的奖惩机制能够引导责任主体的行为向着企业的目标发展，并且科学合理的奖惩机制能够解决 LUBA 结构中各个单元间的信息非对称问题和材料回收复用问题。本书通过对煤炭企业当前的奖惩机制进行分析，并对煤炭企业的成本异常的影响因素进行分析，得出了成本控制单元的信息非对称和责任主体对于材料的回收复用情况是影响企业成本异常的非常重要的因素，因此本书不仅设计了一般的奖惩模型，还设计了针对信息非对称和材料回收复用的模型，并分析了模型对于解决实际问题的有效性。

## 7.2　主要创新点

本书对于煤炭企业成本责任管理进行研究，主要创新点如下：

(1) 本书针对煤炭企业成本责任管理的责任量化问题进行了系统分析，提出了面向可视化成本管理的成本责任管理体系。现有针对责任问题的研究主要集中在企业的外部责任即社会责任方面，对企业的内部责任研究的相对较少，缺乏对内部责任系统的研究，尤其是缺乏对于成本责任的研究，并且没有有效地研究手段。本书对煤炭企业的成本责任主体及责任职责进行了界定，构建了煤炭企业成本管理 LUBA 模型，通过建立模型分析了煤炭企业成本责任的作用机理，提出了成本责任管理体系，为成本责任的深入研究和可视化的成本责任管理提供了理论基础。

(2) 本书针对成本责任系数的量化问题，提出了基于博弈论的方法和基于直觉梯形模糊数的方法，并进行了对比。通过对成本责任系数确定的必要性与原则进行分析，本书应用基于博弈论的 Nash 谈判方法、Shapley 值方法、最小核仁方法和群体中心方法对成本责任系数进行了确定研究，又从属性权重已知和属性权重未知两个角度，应用直觉梯形模糊数的相关方法对成本责任系数的量化问题进行了研究。

(3) 本书以博弈论理论为基础，构建了责任系数的优化模型，并提出了利用遗传算法对成本责任系数的优化模型进行分析求解。通过对成本责任系数的特点进行分析，本书提出了成本责任系数变化的动因，并基于博弈理论以使得 LUBA 成本责任管理单元的收益最大为目标函数，以各个责任主体的收益最大为约束条件构建了成本责任系数的优化模型，并利用遗传算法对模型进行了求解，为实时、动态的成本责任管理打下了基础。

(4) 本书分别针对 LUBA 成本管理模型中各个单元的信息非对称问题和各个责任主体对于材料的回收复用问题，建立了成本责任奖惩模型。通过对影响成本异常的因素进行分析，本书得出了影响煤炭企业成本异常的两个重要因素分别是 LUBA 成本管理模型中各个管理单元间的信息非对称和材料的回收复用问题,因此在建立了一般责任奖惩模型的同时又分别针对信息非对称问题和材料回收复用问题建立了成本责任奖惩模型,不仅使得奖惩问题能够与责任主体的责任大小联系起来,而且还通过有效的奖惩手段解决了煤炭企业的重要管理问题。

## 7.3 研究展望

本书通过对成本责任管理理论体系、成本责任系数的问题、成本责任的奖惩问题进行研究,不仅为煤炭企业进行可视化的成本责任管理提供了理论指导,而且为可视化的成本责任管理提供了模型和方法。本书部分研究成果已经在煤炭企业的成本管理中取得了一定的应用效果,但是由于煤炭企业成本管理自身的复杂性,以及可视化成本管理理论的发展,未来还需要不断地发展与完善,现对未来的研究工作做如下几点进行展望:

(1) 在基于数据挖掘的成本责任识别方面。随着企业的发展,煤炭企业也积累了海量的成本数据、地质条件数据、经营管理等方面的数据,成本责任的进一步研究需要利用数据挖掘的方法,从这些数据本身的特点与关系出发,识别异常的数据集,训练异常成本识别模型和成本责任识别模型。

(2) 在成本责任可视化展示方面。随着可视化管理手段在煤炭企业的应用与成熟,管理者和员工们对于责任管理可视化展示的可接受程度成为可视化成本责任管理非常重要的内容,当前的可视化展示方式单一,用户获取信息的效率比较低,因此需要通过认知实验等方法对成本责任可视化的展示方式进行研究,探讨增强数据展示和交互效果的不同方法。

(3) 在成本责任管理的信息化系统实现方面。成本责任的信息化系统实现是提高成本责任管理效率的有效途径,是进行可视化的成本责任管理的载体,在接下来的研究中需要进一步将本书所提出的责任量化模型和责任奖惩模型应用到信息化管理系统中,实现成本责任的智能管理。

# 参考文献

[1] 牛克洪．充分认识我国煤炭企业面临的十大挑战[J]．中国煤炭，2009(10)：15-19.

[2] 邱素芹．ERP 系统下成本管理模式的探讨[J]．财会研究，2008(22)：58-61.

[3] 谢康，肖静华，周先波，乌家培．中国工业化与信息化融合质量：理论与实证[J]．经济研究，2012(1)：4-18.

[4] Jorge Alcalde-Unzu，María Gómez-Rúa b，Elena Molis. Sharing the costs of cleaning a river：the Upstream Responsibility rule[J]. *Games and Economic Behavior*，2015(90)：134-150.

[5] Xie，Fuhai. Large-scale group company strategic management of project informatization [J]. *Advanced Materials Research*，2011(255)：3958-3962.

[6] Cao，Na. Improve responsibility cost management level of construction enterprise by information system[J]. *Applied Mechanics and Materials*，2014(584)：2297-2300.

[7] Gina Bergström，Ingvar Karlberg. Decentralized responsibility for costs of outpatient prescription pharmaceuticals in Sweden：Assessment of models for decentralized financing of subsidies from a management perspective[J]. *Health Policy*，2007(81)：358-367.

[8] Reverte，C. The Impact of Better Corporate Social Responsibility Disclosure on the Cost of Equity Capital [J]. *Corporate Social Responsibility and Environmental Management*，2012，19(5)：253-272.

[9] Songsheng Chen . Research on Economic Benefit from Y Software Company′s ERP Users [J]. *Journal of Service Science and Management*，2009，2(3)：161-168.

[10] Hervé Moulin，Yves Sprumont. Responsibility and cross-subsidization in cost sharing [J]. *Games and Economic Behavior*，2006(55)：152-188.

[11] 王磊．浅谈如何加强和完善施工企业成本责任管理[J]．铁道建筑技术，2013(6)：118-122.

[12] 朱雪峰．关于施工企业责任成本管理的思考[J]．当代经济，2012(4)：12-13.

[13] 曲松，王芳．关于房地产开发项目全过程责任成本管理的探讨[J]．价值工程，2015(31)：11-15.

[14] 于枫．房地产项目责任成本管理与评价体系研究[J]．新视野，2012(6)：50-53.

[15] 姚勤波，韩日美．工程项目责任成本管理方法与应用[J]．建筑经济，2008(12)：28-30.

[16] 梁博．中国大中型施工总承包企业施工项目管理信息化研究与实践应用[D]．北京：

中国建筑科学研究院,2009.

[17] 詹敏,章瑞文. 工程项目成本管理信息化研究[J]. 财会通讯,2012(5): 132-134.

[18] 罗娟. 浅议施工企业项目成本管理信息化[J]. 价值工程,2015(9): 261-262.

[19] 任树明. 煤炭企业基于 ERP 的责任成本管理探讨[J]. 煤炭经济研究,2010,30(11): 68-71.

[20] 汪诗怀. 基于 ERP 系统的煤炭企业动态责任成本管理模式构建[J]. 中国煤炭,2012(4): 13-17.

[21] Roumen Vragov, Nanda Kumar. The impact of information and communication technologies on the costs of democracy[J]. *Electronic Commerce Research and Applications*,2013(12): 440-448.

[22] Moonho Jung, Jaiil Park. A Study on Approach Method of the Manufacturing Informatization for Semi-Companies[J]. *Advanced Materials Research*,2015,(1061): 1229-1232.

[23] Alexandra Kanellou, Charalambos Spathis. Accounting benefits and satisfaction in an ERP environment[J]. *International Journal of Accounting Information Systems*, 2013(14): 209-234.

[24] 吴乔. 基于数据挖掘的煤炭企业成本管理系统的设计与实现[D]. 厦门: 厦门大学,2014.

[25] 周黎明,方昆仑,郜绍辉. 基于 Oracle 制造系统的成本管理信息化应用探究[J]. 中国管理信息化. 2010,13(11): 28-32.

[26] 史后波. 基于认知理论的煤炭企业可视化管理与应用研究[D]. 北京: 中国矿业大学(北京),2012.

[27] Saeed Karshenas. Visualization and Multimedia Applications in Cost Estimating Education[J]. *Construction Research Congress*, 2009,(54): 1419-1428.

[28] V. K. Bansal, Mahesh Pal. Potential of geographic information systems in building cost estimation and visualization[J]. *Automation in Construction*. 2007, (163): 311-322.

[29] Nikolaos Mittas, Ioannis Mamalikidis, Lefteris Angelis. A framework for comparing multiple cost estimation methods using an automated visualization toolkit[J]. *Information and Software Technology*,2015(57): 310-328.

[30] Anders Nilsson, Pia Stoll, Nils Brandt. Assessing the impact of real-time price visualization on residential electricity consumption, costs, and carbon emissions[J]. *Resources Conservation and Recycling*,2015(10): 1-10.

[31] 唐俊. 技术资源的可视化管理[J]. 现代电视技术,2015(1): 107-122.

[32] 翟坤. 基于数据挖掘的成本管理方法研究—以钢铁企业为例[D]. 大连: 大连理工,2012.

[33] 滕晓梅. 精益生产模式下的成本管理信息化实施—以东风悦达起亚汽车公司为例[J]. 经济研究, 2009,31(7): 73-79.

[34] 曾继君. 馆藏资源语义聚合与可视化展示的成本效益分析[J]. 科技情报开发与经济, 2015(21): 5-10.

[35] 董晨阳. 浅析工程项目成本可视化管理[J]. 北方交通，2012(9)：146-149.

[36] 谭章禄，张长鲁，刘屹，张丽娜. 基于成本走廊的煤炭企业成本控制体系研究[J]. 会计之友，2012(12)：36-39.

[37] 刘屹. 面向可视化管理的煤炭企业成本管控研究[D]. 北京：中国矿业大学(北京)，2013.

[38] 谭章禄，刘屹，刘红云. 基于LUBA的煤炭企业成本责任量化研究[J]. 煤矿机械 2013，(10)：274-277.

[39] Simon Y. W. Li，Anna L. Cox，Calvin Or，Ann Blandford. Effects of monetary reward and punishment on information checking behavior[J]. *Applied Ergonomics*，2016(53)：258-266.

[40] Paolo Mastropietro，Ignacio Herrero，Pablo Rodilla，Carlos Batlle. A model-based analysis on the impact of explicit penalty schemes in capacity mechanisms[J]. *Applied Energy*，2016(168)：406-417.

[41] Karim Osorio，Enzo Sauma. Incentive mechanisms to promote energy efficiency programs in power distribution companies[J]. *Applied Mechanics and Materials*，2015，49(2)：336-349.

[42] Sangeetha Chandrashekeran，Julia Zuckerman，Jeff Deason. Raising the stakes for energy efficiency：A qualitative case study of California′s risk reward incentive mechanism[J]. *Utilities Policy*，2015，36(10)：79-90.

[43] Tanyel Özelçi Eceral，Bilge Armatlı Köroğlu. Incentive Mechanisms in Industrial Development：An Evaluation through Defense and Aviation Industry of Ankara[J]. *Procedia-Social and Behavioral Sciences*，2015，195(7)：1563-1572.

[44] Young Lin. Moral Risk Analysis of Construction Project Cost Management Incentive Mechanism[J]. *Applied Mechanics and Materials*，2012，34(4)：174-177.

[45] 王淑娟. 基于内部劳动力市场理论的民营企业激励制度研究[D]. 北京：北京交通大学，2015.

[46] 林毅勇. 非对称信息条件下的房地产企业成本管理激励机制研究[D]. 广州：华南理工，2013.

[47] 谷莉，白学军，王芹. 奖惩对行为抑制能力和自主生理活动影响的时效性[J]. 心理学报，2014，46(10)：1476-1485.

[48] 李新然，蔡海珠，牟宗玉. 政府奖惩下不同权力结构闭环供应链的决策研究[J]. 科研管理，2014，35(8)：134-145.

[49] 蒋长流. 多维视角下中国低碳经济发展的激励机制与治理模式研究[J]. 经济学家，2012，12(5)：49-57.

[50] Welmer E. Molenmaker，Erik W. de Kwaadsteniet，Eric van Dijk. Organizational Behavior and Human Decision Processes[J]. *Organizational Behavior and Human Decision Processes*，2016，134(2)：1-15.

[51] Taho Yang，Chiu-Wen Chen. An incentive pay system for project management based on responsibility assignment matrix and fuzzy linguistic variables[J]. *Expert Systems*

*with Applications*, 2009, 36(10): 12585-12591.

[52] 王文宾,张 凯,张晓强. 回收责任分担下闭环供应链的奖惩机制模型[J]. 经济经纬, 2015,32(5): 96-102.

[53] 江友华,叶尚兴,林顺富,李研. 基于决策树的多谐波源用户责任奖惩策略研究[J]. 华北电力大学学报,2015,42(3): 48-56.

[54] Norhafiza Baharudin, Ruzita Jusoh. Target Cost Management (TCM): A Case Study of an Automotive Company[J]. *Procedia-Social and Behavioral Sciences*, 2015, 172(27): 525-532.

[55] 黄由衡. 物流成本管理理论及其应用研究[D]. 北京: 北京交通大学,2007.

[56] 章锦生. 成本管理发展趋势[J]. 印制电路信息,2011(9): 51: 55.

[57] Jaroslava Kádárová, Katarína Teplická, Michaela Durkáčová, Marek Vida. Target Costing Calculation and Economic Gain for Companies[J]. *Procedia Economics and Finance*, 2015(23): 1195-1200.

[58] Manuel Schulze, Stefan Seuring, Christian Ewering. Applying activity-based costing in a supply chain environment[J]. *International Journal of Production Economics*, 2012 (135): 716-725.

[59] 袁清和. 基于作业的煤炭企业成本管控体系研究[D]. 济南: 山东科技大学,2009.

[60] Jean-François Henri, Olivier Boiral, Marie-Josée Roy. Strategic cost management and performance: The case of environmental costs[J]. *The British Accounting Review*, 2015(13): 1-13.

[61] Mark Anderson, Ozer Asdemir, Arindam Tripathy. Use of precedent and antecedent information in strategic cost management[J], *Journal of Business Research*, 2013, 66(5): 643-650.

[62] 苏涛永. 供应链战略成本管理体系研究[D]. 上海: 同济大学, 2007.

[63] 王国明. 基于价值链的矿井开采成本管理问题研究[J]. 中国连锁,2014(6): 131-132.

[64] Michiyasu Nakajima, Asako Kimura, Bernd Wagner. Introduction of material flow cost accounting (MFCA) to the supply chain: a questionnaire study on the challenges of constructing a low-carbon supply chain to promote resource efficiency[J]. *European Journal of Operational Research*, 2016, 248(1): 95-106.

[65] 李源海,于光. 价值链视角下的成本管理探讨[J]. Commercial Accounting,2012(11): 106-107.

[66] 李群,孟浩程,樊伟伟. 基于目标成本管理的企业集团分公司成本控制方法研究 [J]. 企业经济, 2007(5): 54-58。

[67] 任宏,寇胜彪,叶贵,何强. 房地产企业责任成本管理研究[J]. 工程管理学报. 2013(6): 117-122.

[68] 曹锡锐,城云,张艳辉. 建筑企业工程项目责任成本管理[M]. 北京: 人民出版社,2012.

[69] 王鹏. 责任成本管理的现状与未来. 施工企业管理. 2013(9): 72-75.

[70] 孙光国. 企业内部报告改进研究[J]. 财政研究,2011(3): 66-69.

[71] 杜瑞荣、肖泽忠、周齐. 中国管理会计研究述评[J]. 会计研究，2009(9)：72-80.
[72] 张艳芳，李海君. 企业产品生产成本控制的现状及解决对策[J]. 产业与科技论坛，2010(6)：215-216.
[73] 周瑜. 制造企业双层动态成本控制研究[D]. 哈尔滨：哈尔滨工程大学，2012.
[74] 林海. 企业责任成本管理报告体系设计演技—基于中铁二局四公司的案例分析[D]. 西南财经大学，2013.
[75] 南京大学会计学系课题组. 责任单位与考评：中国企业的探索及问题[J]. 会计研究，2001(9)：38-50.
[76] Daniel W. M. Chan, Albert P. C. Chan, Patrick T. I. Lam, John F. Y. Yeung, Joseph H. L. Chan. Risk ranking and analysis in target cost contracts: Empirical evidence from the construction industry[J]. *International Journal of Project Management*, 2011(29): 751-763.
[77] Antonio Musso, Werner Rothengatter. Internalisation of external costs of transport-A target driven approach with a focus on climate change[J]. *Transport Policy*, 2013 (29): 303-314.
[78] 曾繁. 基于项目责任成本管与ERP运用的施工企业全面预算管理模式探讨[J]. 中国证券期货，2013(4)：109-110.
[79] Sudi Apak, Mikail Erol, İsmail Elagöz, Metin Atmaca. The Use of Contemporary Developments in Cost Accounting in Strategic Cost Management[J]. *Procedia-Social and Behavioral Sciences*, 2012(41): 528-534.
[80] Majeed A. Hatif AlMaryani, Hamza H. Sadik. Strategic Management Accounting Techniques in Romanian Companies: Some Survey Evidence[J]. *Procedia Economics and Finance*, 2012(3): 387-396.
[81] Annelie I. Pettersson, Anders Segerstedt. Measuring supply chain cost [J]. *International Journal of Production Economics*, 2013(143): 357-363.
[82] 吴培周. 作业成本法与责任成本管理浅析[J]. 商场现代化，2007：168-169.
[83] 王瑞华，牛宝珍. 油气田企业作业基础目标成本管理模式[J]. 油气地面工程，2006 (25)：54-56.
[84] Ren L. Research on interaction techniques in information visualization Ph. D. Thesis [D]. Beijing: *The Chinese Academy of Sciences*, 2009.
[85] 张长鲁. 基于数据挖掘的煤矿安全可视化管理研究[D]. 北京：中国矿业大学(北京)，2015.
[86] 洪文学，王金甲. 可视化和可视化分析学. 燕山大学学报[J]. 2010，2(34)：95-101.
[87] 刘波，徐学文. 可视化分类方法对比[J]. 情报杂志 2008(2)：28-30.
[88] 李堂军，冯陈雷. 论企业可视化管理的内涵与实现[J]. 山东社会科技，2006(11)：134-136.
[89] 任磊，杜一，马帅，张小龙，戴国忠. 大数据可视分析综述[J]. 软件学报，2014，25(9)：1909-1936.
[90] Card SK, Mackinlay JD, Shneiderman B. *Readings in Information Visualization*:

*Using Vision To Think*[M]. San Francisco: Morgan-Kaufmann Publishers, 1999: 1-712.

[91] Caroline Ziemkiewicz, and Robert Kosara. The Shaping of Information by Visual Metaphors [J]. *IEEE Transactions on Visualization and Computer Graphics*, 2008, 14(6): 1269-1276.

[92] Chen C. Citespaee11: Detecting and visualizing emerging trends and transient patterns in scientific literature[J]. *Journal of the American Society for Information Science and Technology*, 2005, 57(3): 359-377.

[93] Maria Cristina Ferreira de Oliveira, Haim Levkowitz. from Visualization Date Exploration to Visual Date Mining: A Survey [J]. *IEEE Transaction on Visualization and computer Graphics*, 2003, 9(3): 378-394.

[94] 邵超. 非线性降维技术的研究及其在数据可视化中的应用[D]. 北京：北京交通大学，2006.

[95] 张飞龙，姚中华，等. 基于 ThemeRiver 的可视化技术发展综述[J]. 系统仿真学报，2013，25(9)：2091-2098.

[96] D. A. Keim. Information visualization and visual data mining[J]. *IEEE Transactions on visualization and Computer Graghics*, 2002, 8(1): 1-8.

[97] 魏建香. 学科交叉知识发现及其可视化研究[D]. 南京：南京大学 2010.

[98] Martin J. Eppler. Knowledge Visualization: Towards a New Discipline and its Fields Application[J]. *In Wissenskommunikation in Organisationen*, *R. Rainhardt and Martin J. Eppler*, *Eds.*, Springer, 2004: 241-254.

[99] 谭章禄，张长鲁. 煤矿安全可视化管理研究[J]. 煤矿安全，2013，44(9)：232-235.

[100] Neese M. *Driving Lean through the Visual Factory*. *Circuits Assembly*, 2007, 18(9): 7-57.

[101] Alfred Inselberg. Visualization and data mining of high-dimensional data [J]. *Chemo Metrics and Intelligent Laboratory Systems*, 2002(60): 147-159.

[102] 梁启章，齐清文，梁迅. 双山基地新型精准农业"可视化管理"初步实践与展望[J]. 中国农业生态学报，2011，19(1)：205-211.

[103] Y. Zhou, L. Y. Ding, L. J. Chen. Application of 4D visualization technology for safety management in metro construction [J]. *Automation in Construction*, 2013 (34): 25-36.

[104] 熊华强，万勇，桂小智. 智能变电站 SCD 文件可视化管理和分析决策系统的设计与实现[J]. 电力自动化设备，2015，35(15)：166-172.

[105] I-Chen Wu. A framework for facilitating multi-dimensional information integration, management and visualization in engineering projects [J]. *Automation in Construction*, 2012(23): 71-86.

[106] 孟庵，林楠，范玉青. 企业服务业及其可视化管理技术[J]. 航空制造技术，2007(11)：101-105.

[107] Chan-Sik Park, Hyeon-Jin Kim. A framework for construction safety management

and visualization system [J]. *Automation in Construction*, 2013(33): 95-103.

[108] 彭长清,魏大鹏. 可视化管理在我国劳动密集型企业中的应用初探[J]. 科学学与科学技术管理,2010(8): 163-168.

[109] 李为为,周汝胜. 基于RFID的物流过程监控及可视化管理系统分析与设计[J]. 物流科技,2010(5): 16-19.

[110] 张雁飞. 基于可视化视角的财务信息化提升路径分析[J]. 针对地下空间管理的安全问题,商业会计,2014(4): 54-55.

[111] Kang Zhang. Using visual languages in management [J]. *Journal of Visual Language and Computing*, 2012(23): 340-343.

[112] 吕明. 城市公共地下空间安全可视化管理研究,北京: 中国矿业大学(北京),2014.

[113] A. González-Cencerrado, A. Gil. Characterization of PF flames under different swirl conditions based on visualization systems[J]. *Procedia Engineering*,2013(113): 798-809.

[114] 周洁萍,龚建华,王涛,等. 汶川地震灾区无人机遥感影像获取与可视化管理系统研究[J]. 遥感学报,2008,12(6): 877-885.

[115] 房庆军,周盛世. 可视化客户关系管理在烟草行业中的应用[J]. 企业经济. 2009, 4(33): 123-126.

[116] 王文宾. 演化博弈论研究的现状与展望[J]. 统计与决策. 2009(3): 158-162.

[117] 卢强,陈来军,梅生伟. 博弈论在电力系统中典型应用及若干展望[J]. 中国机电工程学报,2014,34(29): 5109-5121.

[118] 姜伟. 基于攻防博弈模型的主动防御关键技术研究[D]. 哈尔滨: 哈尔滨工业大学,2010.

[119] 谢识予. 经济博弈论[M]. 复旦: 复旦大学出版社,2015.

[120] 吴世勇. 基于博弈论的水电竞价策略研究[D], 四川: 四川大学,2006.

[121] 黄卉. 合作博弈框架下的信托利用分配机制研究[D]. 北京: 北京邮电大学,2012.

[122] 林德琼,刘善存. 基于合作博弈理论的房地产信托产品定价模型[J]. 经济问题研究, 2015(4): 54-61.

[123] Chiara Lo Prete, Benjamin F. Hobbs. A cooperative game theoretic analysis of incentives for microgrids in regulated electricity markets[J]. *Applied Energy*. 2016 (169): 524-541.

[124] 郑士源. 合作博弈理论的研究进展—联盟的形成机制及稳定性研究综述[J]. 上海海事大学学报,2011,32(4): 53-60.

[125] 杨珊珊. 非对称信息下企业品牌战略决策博弈分析[D]. 上海: 上海交通大学,2008.

[126] Shamsaldin Jamalinesari, Hossein Soheili. The Relationship between Information Asymmetry and Mechanisms of Corporate Governance of Companies in Tehran Stock Exchange[J]. *Procedia-Social and Behavioral Sciences*, 2015, (205): 505-509.

[127] 石冬梅. 非对称信息条件下的农村土地流转问题研究—以河北省农村土地流转为例[D]. 保定: 河北农业大学,2013.

[128] 张市芳. 几种模糊多属性决策方法及其应用[D]. 西安: 西安电子科技大学,2012.

[129] 裴植. 模糊多属性决策方法及其在工业工程中的应用研究[D]. 北京：清华大学,2011.

[130] Stepan Vesely, Christian A. Klöckner, Mirko Dohnal. Predicting recycling behaviour: Comparison of a linear regression model and a fuzzy logic model[J]. *Waste Managemen*,2016(49): 530-536.

[131] 刘海涛,郭嗣琮. 基于模糊结构元表述的模糊数排序[J]. 模糊系统与数学. 2010,24(5): 61-68.

[132] 彭安华. 面向机械制造过程的模糊多准则决策方法研究[D]. 徐州：中国矿业大学,2014.

[133] Gizem İntepe, Erhan Bozdag, Tufan Koc. The selection of technology forecasting method using a multi-criteria interval-valued intuitionistic fuzzy group decision making approach[J]. *Computers & Industrial Engineering*, 2013, 65(2): 277-285.

[134] 刘文军. 连续值域决策表的一种属性权重确定方法[J]. 模糊系统与数学,2008,22(3): 160-167.

[135] Muharrem Düğenci. A new distance measure for interval valued intuitionistic fuzzy sets and its application to group decision making problems with incomplete weights information[J]. *Applied Soft Computing*, Volume,2016,(41): 120-134.

[136] 和媛媛,周德群,巩在武. 三角模糊 TOPSIS 决策方法及其实验分析[J]. 系统工程,2010,28(11): 95-104.

[137] Adil Baykasoğlu, Kemal Subulan, Fatma Selen Karaslan. A new fuzzy linear assignment method for multi-attribute decision making with an application to spare parts inventory classification[J]. *Applied Soft Computing*,2016(42): 1-17.

[138] 任彬,张树有,伊国栋. 基于模糊多属性决策的复杂产品配置方法[J]. 机械工程学报,2010,46(19): 108-117.

[139] B. Farhadinia. Hesitant fuzzy set lexicographical ordering and its application to multi-attribute decision making[J]. *Information Sciences*, 2016, 327(10): 233-245.

[140] 李梅,贺世红,张志宏. 直觉模糊多属性决策方法在绿色农产品供应商选择中的应用[J]. 物流技术,2014,33(5): 196-199.

[141] Atanassov K T. New operations defined over the intuitionistic fuzzy sets[J]. *Fuzzy Setc and Systems*, 1994, 61(2): 137-142.

[142] 李喜华. 基于前景理论的复杂大群体直觉模糊多属性决策方法[D]. 长沙：中南大学,2012.

[143] 曾守桢. 基于直觉模糊信息的综合评价问题研究[D]. 杭州：浙江工商大学,2013.

[144] 姜枫. 基于模糊多属性的决策方法研究[D]. 安徽：中国科学技术大学,2013.

[145] 王坚强,张忠. 基于直觉梯形模糊数的信息不完全确定的多准则决策方法[J]. 控制与决策,2009(2): 226-231.

[146] 万树平,董九英. 多属性决策的直觉梯形模糊数法[J]. 控制与决策,2015(5): 773-777.

[147] 王坚强,聂荣荣. 基于直觉梯形模糊信息的多准则群决策方法[J]. 系统工程理论与

实践,2012(8)：1747-1754.

[148] 邓玉林. 知识型员工的激励机制研究[D]. 南京：东南大学,2006.

[149] 杨澄. 基于 ERG 理论的我国服装业体面劳动激励机制研究[D]. 上海：东华大学,2014.

[150] 王艳梅. 企业研发人员激励的机理分析及对策研究[D]. 沈阳：东北大学,2007.

[151] Eleni Mantzari, Florian Vogt, Ian Shemilt. Personal financial incentives for changing habitual health-related behaviors: A systematic review and meta-analysisReview Article[J]. *Preventive Medicine*, 2015, (75): 75-85.

[152] 赵夷岭. 基于组织承诺的企业核心员工激励模式研究[D]. 昆明：昆明理工大学,2009.

[153] 成可. 多种内容型激励理论及其在岚北油品有限公司中的综合运用[J]. 商业经济,2011(10)：43-44.

[154] Matthew Y. W. Kwan, John Cairney, John A. Hay, Brent E. Faught. Understanding physical activity and motivations for children with Developmental Coordination Disorder: An investigation using the Theory of Planned Behavior [J]. *Research in Developmental Disabilities*, 2013, (34): 3691-3698.

[155] 杨澄. 基于 ERG 理论的我国服装业体面劳动激励机制研究[D]. 上海：东华大学,2014.

[156] Yahya Pezeshki, Armand Baboli, Naoufel Cheikhrouhou. A rewarding-punishing coordination mechanism based on Trust in a divergent supply chain[J]. *European Journal of Operational Research*, 2013, 230(3): 527-538.

[157] Atasu A, Ozdemiro, Wassenhove. Stakeholder perspective on e-waste take-back legislation[J]. *Production and Operations Management*,2013,22(2): 382-396.

[158] Zhe Yin, Shihua Ma. Incentives to improve the service level in a random yield supply chain: The role of bonus contracts[J]. Incentives to improve the service level in a random yield supply chain: The role of bonus contracts. *European Journal of Operational Research*, 2015, 244(3): 778-791.

[159] 易余胤,梁家密. 奖惩机制下的再制造闭环供应链协调[J]. 计算机集成制造系统,2013,19(4)：841-850.

[160] 王文宾,张雨,范玲玲. 不同政府决策目标下逆向供应链的奖惩机制研究. [J]中国管理科学,2015,23(7)：68-77.

[161] 王文宾,达庆利. 基于回收努力程度的逆向供应链激励机制设计[J]. 软科学,2009,23(2)：125-130.

[162] Per J. Agrell, Emili Grifell-Tatjé. A dynamic model for firm-response to non-credible incentive regulation regimes[J]. *Energy Policy*,2016(90): 287-299.

[163] 王健,庄新田. 基于心理契约的基金经理激励机制分类设计[J]. 中国管理科学,2011,19(3)：174-182.

[164] 丁乐฿,张博,任妍,林新笠. 项目进度管理实施中的奖惩机制研究[J]. 项目管理,2012(12)：95-98.

[165] 冯震. 浅析煤炭企业激励机制的问题及对策[J]. 经营管理,2011(13): 115.

[166] R. Cherrington, V. Goodship, Meredith, B. M. Wood, etc. Producer responsibility: Defining the incentive for recycling composite wind turbine blades in Europe[J]. *Energy Policy*,2012,(47): 13-21.

[167] 陈婷,吴秀敏. 可追溯制度下食品安全的责任激励探讨[J]. 中国农学通报,2011, 27(33): 258-266.

[168] 吴怡,诸大建. 生产者责任延伸制的 SOP 模型及激励机制研究[J]. 中国工业经济, 2008(3): 32-41.

[169] 马波. 论政府环境保护责任实现的激励机制构建[J]. 西部法学评论,2015(1): 9-18.

[170] 陆玉梅,高鹏. 团队协作视角下的知识型员工责任激励机制研究[J]. 经济问题,2016 (1): 100-108.

[171] 许学梅,嵇东海,许方维. 激励研究综述及展望[J]. 经济研究导刊,2009(21): 116-117.

[172] 谭章禄,刘屹. 面向可视化的煤炭企业"露靶"成本分析模型[J]. 煤矿机械, 2013, 35(2): 286-289.

[173] 谭章禄,刘屹,付红娟. 基于露靶理论的煤炭企业成本核算体系研究[J]. 煤矿机械, 2013(10): 285-299.

[174] 王昌海. 秦岭自然保护区生物多样性保护的成本效益研究[D]. 北京: 北京林业大学,2011.

[175] 石玉峰. 电力施工项目成本管理与控制模型研究[D]. 北京: 华北电力大学,2013.

[176] 赵海龙. 煤炭企业成本核算框架[J]. 管理世界,2010(3): 1-4.

[177] 陈国华. 企业安全生产主体责任管理实务[M]. 中国石化出版社,2011.

[178] 孙茂竹,王艳茹. 成本与管理会计[M]. 东北财经大学出版社,2010.

[179] Navid Rashedi, Hamed Kebriaei. Cooperative and non-cooperative Nash solution for linear supply function equilibrium game [J]. *Applied Mathematics and Computation*. 2014, 244(1): 794-808.

[180] Mustafa Jahangoshai Rezaee. Using Shapley value in multi-objective data envelopment analysis: Power plants evaluation with multiple frontiers[J]. *International Journal of Electrical Power & Energy Systems*, 2015(69): 141-149.

[181] F. Javier Martínez-de-Albéniz, Carles Rafels, Neus Ybern. A procedure to compute the nucleolus of the assignment game[J]. *Operations Research Letters*, 2013, 41(6): 675-678.

[182] 王若钢,冯英俊. 虚拟物流企业联盟的利益分配策略研究[J]. 控制欲决策,2008, 23(10): 1087-1092.

[183] 李喜华. 基于积累前景理论和 choquet 积分的直觉梯形模糊多属性决策[J]. 计算机应用,2013,30(8): 2422-2426.

[184] Hojung Shin, Jae-Nam Lee, DaeSoo Kim, Hosun Rhim. Strategic agility of Korean small and medium enterprises and its influence on operational and firm performance [J]. *International Journal of Production Economics*, 2015, (168): 181-196.

[185] 郭云,廖建桥. 上级发展性反馈对员工工作绩效的作用机理研究[J]. 管理科学,2014,1(27):99-108.

[186] Eddie Clemente, Francisco Chavez, Francisco Fernandez de Vega, Gustavo Olague. Self-adjusting focus of attention in combination with a genetic fuzzy system for improving a laser environment control device system[J]. *Applied Soft Computing*, 2015(32):250-265.

[187] 于海江,张志亮. 供应链系统自组织自适应过程与决策模型描述[J]. 价值工程,2007(11):12-16.

[188] 曹利军. 企业成长的动力、机制与实现方式[J]. 科技与管理,2008,5(10):73-76.

[189] 赵红强,谭屹然,石柱鲜. 信息不对称下的委托代理博弈[J]. 现代情报,2011,31(4):116-119.

[190] 李邵斌,杨西龙,李耀庭. 基于遗传算法的多军事物流配送中心选址决策[J]. 物流技术. 2015(21):213-217.

[191] 余胜威. MATLBA 优化算法案例分析与应用[M]. 清华大学出版社,2014.

[192] 李峥,王波. 煤炭企业材料成本管理现状与对策探讨[J]. 煤炭经济研究. 2015,9(35):72-76.

[193] José A. Botín, Marcelo A. Vergara. A cost management model for economic sustainability and continuos improvement of mining operations[J]. *Resources Policy*, 2015,46(2):212-218.

[194] 翟坤. 基于数据挖掘的成本管理方法研究[D]. 大连:大连理工大学,2011.

[195] 赵春. 基于数据挖掘技术的财务风险分析与预警研究[D],北京:北京化工大学,2012.

# 附　录

## 附录 A 《煤炭企业成本责任影响情况》问卷调查

根据下面列出的所有可能涉及的责任主体对于割煤单元的各项成本的影响情况，请您根据实际情况作答，选出一个选项，画√到对应的框内：

依据 9 标度法，1 表示责任主体的影响程度极小；9 表示极有影响；从 1 到 9 表示影响程度依次增大。

| 各责任主体对配件成本的影响程度 | | | | | | | | | |
|---|---|---|---|---|---|---|---|---|---|
| | 1 影响极小<…2…3…4…5…6…7…8…<9 极有影响 | | | | | | | | |
| 综采队 | | | | | | | | | |
| 机电队 | | | | | | | | | |
| 运输队 | | | | | | | | | |
| 掘进队 | | | | | | | | | |
| 通风区 | | | | | | | | | |
| 生产技术部 | | | | | | | | | |
| 安监部 | | | | | | | | | |
| 调度室 | | | | | | | | | |
| 经营管理部 | | | | | | | | | |
| 供应部 | | | | | | | | | |
| 人力资源部 | | | | | | | | | |
| 各责任主体对专用工具成本的影响程度 | | | | | | | | | |
| | 1 影响极小<…2…3…4…5…6…7…8…<9 极有影响 | | | | | | | | |
| 综采队 | | | | | | | | | |
| 机电队 | | | | | | | | | |
| 运输队 | | | | | | | | | |
| 掘进队 | | | | | | | | | |
| 通风区 | | | | | | | | | |

续表

各责任主体对专用工具成本的影响程度

| | 1影响极小＜…2…3…4…5…6…7…8…＜9极有影响 | | | | | | | | |
|---|---|---|---|---|---|---|---|---|---|
| 生产技术部 | | | | | | | | | |
| 安监部 | | | | | | | | | |
| 调度室 | | | | | | | | | |
| 经营管理部 | | | | | | | | | |
| 供应部 | | | | | | | | | |
| 人力资源部 | | | | | | | | | |

各责任主体对油脂及乳化液成本的影响程度

| | 1影响极小＜…2…3…4…5…6…7…8…＜9极有影响 | | | | | | | | |
|---|---|---|---|---|---|---|---|---|---|
| 综采队 | | | | | | | | | |
| 机电队 | | | | | | | | | |
| 运输队 | | | | | | | | | |
| 掘进队 | | | | | | | | | |
| 通风区 | | | | | | | | | |
| 生产技术部 | | | | | | | | | |
| 安监部 | | | | | | | | | |
| 调度室 | | | | | | | | | |
| 经营管理部 | | | | | | | | | |
| 供应部 | | | | | | | | | |
| 人力资源部 | | | | | | | | | |

各责任主体对职工薪酬成本的影响程度

| | 1影响极小＜…2…3…4…5…6…7…8…＜9极有影响 | | | | | | | | |
|---|---|---|---|---|---|---|---|---|---|
| 综采队 | | | | | | | | | |
| 机电队 | | | | | | | | | |
| 运输队 | | | | | | | | | |
| 掘进队 | | | | | | | | | |
| 通风区 | | | | | | | | | |
| 生产技术部 | | | | | | | | | |
| 安监部 | | | | | | | | | |
| 调度室 | | | | | | | | | |
| 经营管理部 | | | | | | | | | |
| 供应部 | | | | | | | | | |
| 人力资源部 | | | | | | | | | |

续表

| 各责任主体对其他费用的影响程度 | | | | | | | | | |
|---|---|---|---|---|---|---|---|---|---|
| | 1 影响极小<…2…3…4…5…6…7…8…<9 极有影响 | | | | | | | | |
| 综采队 | | | | | | | | | |
| 机电队 | | | | | | | | | |
| 运输队 | | | | | | | | | |
| 掘进队 | | | | | | | | | |
| 通风区 | | | | | | | | | |
| 生产技术部 | | | | | | | | | |
| 安监部 | | | | | | | | | |
| 调度室 | | | | | | | | | |
| 经营管理部 | | | | | | | | | |
| 供应部 | | | | | | | | | |
| 人力资源部 | | | | | | | | | |
| 各责任主体对电费的影响程度 | | | | | | | | | |
| | 1 影响极小<…2…3…4…5…6…7…8…<9 极有影响 | | | | | | | | |
| 综采队 | | | | | | | | | |
| 机电队 | | | | | | | | | |
| 运输队 | | | | | | | | | |
| 掘进队 | | | | | | | | | |
| 通风区 | | | | | | | | | |
| 生产技术部 | | | | | | | | | |
| 安监部 | | | | | | | | | |
| 调度室 | | | | | | | | | |
| 经营管理部 | | | | | | | | | |
| 供应部 | | | | | | | | | |
| 人力资源部 | | | | | | | | | |
| 各责任主体对折旧费用的影响程度 | | | | | | | | | |
| | 1 影响极小<…2…3…4…5…6…7…8…<9 极有影响 | | | | | | | | |
| 综采队 | | | | | | | | | |
| 机电队 | | | | | | | | | |
| 运输队 | | | | | | | | | |
| 掘进队 | | | | | | | | | |
| 通风区 | | | | | | | | | |
| 生产技术部 | | | | | | | | | |
| 安监部 | | | | | | | | | |
| 调度室 | | | | | | | | | |
| 经营管理部 | | | | | | | | | |
| 供应部 | | | | | | | | | |
| 人力资源部 | | | | | | | | | |

# 附录 B 煤炭企业割煤单元责任系数遗传算法优化主程序

```
clc
clear
global result
r = [0.1230 0.1128 0.1050 0.0883 0.4771 0.0794 0.0759 0.0716 0.0778 0.095 0.0831];
syms K e1 e2 e3 e4 e5 e6 e7 e8 e9 e10 e11 kosi1 kosi2 kosi3 kosi4 kosi5 kosi6 kosi7 kosi8 kosi9 kosi10 kosi11 k1 k2 k3 k4 k5 k6 k7 k8 k9 k10 k11 Cg10 Cg20 Cg30 Cg40 Cg50 Cg60 Cg70 Cg80 Cg90 Cg100 Cg110 r1 r2 r3 r4 r5 r6 r7 r8 r9 r10 r11;
result = solve('log(r1 * K * (e1^kosi1 * kosi1/e1 * e2^kosi2 * e3^kosi3 * e4^kosi4 * e5^kosi5 * e6^kosi6 * e7^kosi7 * e8^kosi8 * e9^kosi9 * e10^kosi10 * e11^kosi11)) - log(k1 * e1)','log(r2 * K * (e1^kosi1 * e2^kosi2 * kosi2/e2 * e3^kosi3 * e4^kosi4 * e5^kosi5 * e6^kosi6 * e7^kosi7 * e8^kosi8 * e9^kosi9 * e10^kosi10 * e11^kosi11)) - log(k2 * e2)','log(r3 * K * (e1^kosi1 * e2^kosi2 * e3^kosi3 * kosi3/e3 * e4^kosi4 * e5^kosi5 * e6^kosi6 * e7^kosi7 * e8^kosi8 * e9^kosi9 * e10^kosi10 * e11^kosi11)) - log(k3 * e3)','log(r4 * K * (e1^kosi1 * e2^kosi2 * e3^kosi3 * e4^kosi4 * kosi4/e4 * e5^kosi5 * e6^kosi6 * e7^kosi7 * e8^kosi8 * e9^kosi9 * e10^kosi10 * e11^kosi11)) - log(k4 * e4)','log(r5 * K * (e1^kosi1 * e2^kosi2 * e3^kosi3 * e4^kosi4 * e5^kosi5 * kosi5/e5 * e6^kosi6 * e7^kosi7 * e8^kosi8 * e9^kosi9 * e10^kosi10 * e11^kosi11)) - log(k5 * e5)','log(r6 * K * (e1^kosi1 * e2^kosi2 * e3^kosi3 * e4^kosi4 * e5^kosi5 * e6^kosi6 * kosi6/e6 * e7^kosi7 * e8^kosi8 * e9^kosi9 * e10^kosi10 * e11^kosi11)) - log(k6 * e6)','log(r7 * K * (e1^kosi1 * e2^kosi2 * e3^kosi3 * e4^kosi4 * e5^kosi5 * e6^kosi6 * e7^kosi7 * kosi7/e7 * e8^kosi8 * e9^kosi9 * e10^kosi10 * e11^kosi11)) - log(k7 * e7)','log(r8 * K * (e1^kosi1 * e2^kosi2 * e3^kosi3 * e4^kosi4 * e5^kosi5 * e6^kosi6 * e7^kosi7 * e8^kosi8 * kosi8/e8 * e9^kosi9 * e10^kosi10 * e11^kosi11)) - log(k8 * e8)','log(r9 * K * (e1^kosi1 * e2^kosi2 * e3^kosi3 * e4^kosi4 * e5^kosi5 * e6^kosi6 * e7^kosi7 * e8^kosi8 * e9^kosi9 * kosi9/e9 * e10^kosi10 * e11^kosi11)) - log(k9 * e9)','log(r10 * K * (e1^kosi1 * e2^kosi2 * e3^kosi3 * e4^kosi4 * e5^kosi5 * e6^kosi6 * e7^kosi7 * e8^kosi8 * e9^kosi9 * e10^kosi10 * kosi10/e10 * e11^kosi11)) - log(k10 * e10)','log(r11 * K * (e1^kosi1 * e2^kosi2 * e3^kosi3 * e4^kosi4 * e5^kosi5 * e6^kosi6 * e7^kosi7 * e8^kosi8 * e9^kosi9 * e10^kosi10 * e11^kosi11 * kosi11/e11)) - log(k11 * e11)','e1','e2','e3','e4','e5','e6','e7','e8','e9','e10','e11');
h = repmat(r,20,1);
options = gaoptimset('InitialPopulation',h);
[x,feval] = ga(@best1,11,[ ],[ ],ones(1,11),1,zeros(11,1) + eps,ones(11,1),[ ],options);
disp('最优的 r')
disp(x)
clear r
```

```
r = x;
e1_1 = result. e1; e2_1 = result. e2; e3_1 = result. e3; e4_1 = result. e4; e5_1 = result. e5; e6_1 = result. e6; e7_1 = result. e7; e8_1 = result. e8; e9_1 = result. e9; e10_1 = result. e10; e11_1 = result. e11;
K = 150; kosi1 = 0.6; kosi2 = 0.58; kosi3 = 0.65; kosi4 = 0.56; kosi5 = 0.55; kosi6 = 0.5; kosi7 = 0.49; kosi8 = 0.45; kosi9 = 0.52; kosi10 = 0.63; kosi11 = 0.6; k1 = 25; k2 = 23; k3 = 28; k4 = 26; k5 = 30; k6 = 28; k7 = 29; k8 = 32; k9 = 27; k10 = 28; k11 = 32; Cg10 = 20; Cg20 = 22; Cg30 = 26; Cg40 = 25; Cg50 = 25; Cg60 = 20; Cg70 = 24; Cg80 = 28; Cg90 = 20; Cg100 = 22; Cg110 = 25;
e1_1 = subs(e1_1); e2_1 = subs(e2_1); e3_1 = subs(e3_1); e4_1 = subs(e4_1); e5_1 = subs(e5_1); e6_1 = subs(e6_1); e7_1 = subs(e7_1); e8_1 = subs(e8_1); e9_1 = subs(e9_1); e10_1 = subs(e10_1); e11_1 = subs(e11_1);
e1_1 = subs(e1_1, {r1, r2, r3, r4, r5, r6, r7, r8, r9, r10, r11}, {r(1), r(2), r(3), r(4), r(5), r(6), r(7), r(8), r(9), r(10), r(11)});
e2_1 = subs(e2_1, {r1, r2, r3, r4, r5, r6, r7, r8, r9, r10, r11}, {r(1), r(2), r(3), r(4), r(5), r(6), r(7), r(8), r(9), r(10), r(11)});
e3_1 = subs(e3_1, {r1, r2, r3, r4, r5, r6, r7, r8, r9, r10, r11}, {r(1), r(2), r(3), r(4), r(5), r(6), r(7), r(8), r(9), r(10), r(11)});
e4_1 = subs(e4_1, {r1, r2, r3, r4, r5, r6, r7, r8, r9, r10, r11}, {r(1), r(2), r(3), r(4), r(5), r(6), r(7), r(8), r(9), r(10), r(11)});
e5_1 = subs(e5_1, {r1, r2, r3, r4, r5, r6, r7, r8, r9, r10, r11}, {r(1), r(2), r(3), r(4), r(5), r(6), r(7), r(8), r(9), r(10), r(11)});
e6_1 = subs(e6_1, {r1, r2, r3, r4, r5, r6, r7, r8, r9, r10, r11}, {r(1), r(2), r(3), r(4), r(5), r(6), r(7), r(8), r(9), r(10), r(11)});
e7_1 = subs(e7_1, {r1, r2, r3, r4, r5, r6, r7, r8, r9, r10, r11}, {r(1), r(2), r(3), r(4), r(5), r(6), r(7), r(8), r(9), r(10), r(11)});
e8_1 = subs(e8_1, {r1, r2, r3, r4, r5, r6, r7, r8, r9, r10, r11}, {r(1), r(2), r(3), r(4), r(5), r(6), r(7), r(8), r(9), r(10), r(11)});
e9_1 = subs(e9_1, {r1, r2, r3, r4, r5, r6, r7, r8, r9, r10, r11}, {r(1), r(2), r(3), r(4), r(5), r(6), r(7), r(8), r(9), r(10), r(11)});
e10_1 = subs(e10_1, {r1, r2, r3, r4, r5, r6, r7, r8, r9, r10, r11}, {r(1), r(2), r(3), r(4), r(5), r(6), r(7), r(8), r(9), r(10), r(11)});
e11_1 = subs(e11_1, {r1, r2, r3, r4, r5, r6, r7, r8, r9, r10, r11}, {r(1), r(2), r(3), r(4), r(5), r(6), r(7), r(8), r(9), r(10), r(11)});
Pu1 = K * e1^(kosi1) * e2^(kosi2) * e3^(kosi3) * e4^(kosi4) * e5^(kosi5) * e6^(kosi6) * e7^(kosi7) * e8^(kosi8) * e9^(kosi9) * e10^(kosi10) * e11^(kosi11) - (1/2 * k1 * e1^2 + Cg10) - (1/2 * k2 * e2^2 + Cg20) - (1/2 * k3 * e3^2 + Cg30) - (1/2 * k4 * e4^2 + Cg40) - (1/2 * k5 * e5^2 + Cg50) - (1/2 * k6 * e6^2 + Cg60) - (1/2 * k7 * e7^2 + Cg70) - (1/2 * k8 * e8^2 + Cg80) - (1/2 * k9 * e9^2 + Cg90) - (1/2 * k10 * e10^2 + Cg100) - (1/2 * k11 * e11^2 + Cg110);
Pu1 = subs(Pu1, {e1, e2, e3, e4, e5, e6, e7, e8, e9, e10, e11}, {e1_1, e2_1, e3_1, e4_1, e5_1, e6_1, e7_1, e8_1, e9_1, e10_1, e11_1});
Pd1 = r(1) * (K * e1^(kosi1) * e2^(kosi2) * e3^(kosi3) * e4^(kosi4) * e5^(kosi5) * e6^(kosi6) * e7^(kosi7) * e8^(kosi8) * e9^(kosi9) * e10^(kosi10) * e11^(kosi11)) -
```

```
(1/2 * k1 * e1^2 + Cg10);
Pd1 = subs(Pd1,{e1,e2,e3,e4,e5,e6,e7,e8,e9,e10,e11},{e1_1,e2_1,e3_1,e4_1,e5_
1,e6_1,e7_1,e8_1,e9_1,e10_1,e11_1});
Pd2 = r(2) * (K * e1^(kosi1) * e2^(kosi2) * e3^(kosi3) * e4^(kosi4) * e5^(kosi5) *
e6^(kosi6) * e7^(kosi7) * e8^(kosi8) * e9^(kosi9) * e10^(kosi10) * e11^(kosi11)) -
(1/2 * k2 * e2^2 + Cg20);
Pd2 = subs(Pd2,{e1,e2,e3,e4,e5,e6,e7,e8,e9,e10,e11},{e1_1,e2_1,e3_1,e4_1,e5_
1,e6_1,e7_1,e8_1,e9_1,e10_1,e11_1});
Pd3 = r(3) * (K * e1^(kosi1) * e2^(kosi2) * e3^(kosi3) * e4^(kosi4) * e5^(kosi5) *
e6^(kosi6) * e7^(kosi7) * e8^(kosi8) * e9^(kosi9) * e10^(kosi10) * e11^(kosi11)) -
(1/2 * k3 * e3^2 + Cg30);
Pd3 = subs(Pd3,{e1,e2,e3,e4,e5,e6,e7,e8,e9,e10,e11},{e1_1,e2_1,e3_1,e4_1,e5_
1,e6_1,e7_1,e8_1,e9_1,e10_1,e11_1});
Pd4 = r(4) * (K * e1^(kosi1) * e2^(kosi2) * e3^(kosi3) * e4^(kosi4) * e5^(kosi5) *
e6^(kosi6) * e7^(kosi7) * e8^(kosi8) * e9^(kosi9) * e10^(kosi10) * e11^(kosi11)) -
(1/2 * k4 * e4^2 + Cg40);
Pd4 = subs(Pd4,{e1,e2,e3,e4,e5,e6,e7,e8,e9,e10,e11},{e1_1,e2_1,e3_1,e4_1,e5_
1,e6_1,e7_1,e8_1,e9_1,e10_1,e11_1});
Pd5 = r(5) * (K * e1^(kosi1) * e2^(kosi2) * e3^(kosi3) * e4^(kosi4) * e5^(kosi5) *
e6^(kosi6) * e7^(kosi7) * e8^(kosi8) * e9^(kosi9) * e10^(kosi10) * e11^(kosi11)) -
(1/2 * k5 * e5^2 + Cg50);
Pd5 = subs(Pd5,{e1,e2,e3,e4,e5,e6,e7,e8,e9,e10,e11},{e1_1,e2_1,e3_1,e4_1,e5_
1,e6_1,e7_1,e8_1,e9_1,e10_1,e11_1});
Pd6 = r(6) * (K * e1^(kosi1) * e2^(kosi2) * e3^(kosi3) * e4^(kosi4) * e5^(kosi5) *
e6^(kosi6) * e7^(kosi7) * e8^(kosi8) * e9^(kosi9) * e10^(kosi10) * e11^(kosi11)) -
(1/2 * k6 * e6^2 + Cg60);
Pd6 = subs(Pd6,{e1,e2,e3,e4,e5,e6,e7,e8,e9,e10,e11},{e1_1,e2_1,e3_1,e4_1,e5_
1,e6_1,e7_1,e8_1,e9_1,e10_1,e11_1});
Pd7 = r(7) * (K * e1^(kosi1) * e2^(kosi2) * e3^(kosi3) * e4^(kosi4) * e5^(kosi5) *
e6^(kosi6) * e7^(kosi7) * e8^(kosi8) * e9^(kosi9) * e10^(kosi10) * e11^(kosi11)) -
(1/2 * k7 * e7^2 + Cg70);
Pd7 = subs(Pd7,{e1,e2,e3,e4,e5,e6,e7,e8,e9,e10,e11},{e1_1,e2_1,e3_1,e4_1,e5_
1,e6_1,e7_1,e8_1,e9_1,e10_1,e11_1});
Pd8 = r(8) * (K * e1^(kosi1) * e2^(kosi2) * e3^(kosi3) * e4^(kosi4) * e5^(kosi5) *
e6^(kosi6) * e7^(kosi7) * e8^(kosi8) * e9^(kosi9) * e10^(kosi10) * e11^(kosi11)) -
(1/2 * k8 * e8^2 + Cg80);
Pd8 = subs(Pd8,{e1,e2,e3,e4,e5,e6,e7,e8,e9,e10,e11},{e1_1,e2_1,e3_1,e4_1,e5_
1,e6_1,e7_1,e8_1,e9_1,e10_1,e11_1});
Pd9 = r(9) * (K * e1^(kosi1) * e2^(kosi2) * e3^(kosi3) * e4^(kosi4) * e5^(kosi5) *
e6^(kosi6) * e7^(kosi7) * e8^(kosi8) * e9^(kosi9) * e10^(kosi10) * e11^(kosi11)) -
(1/2 * k9 * e9^2 + Cg90);
Pd9 = subs(Pd9,{e1,e2,e3,e4,e5,e6,e7,e8,e9,e10,e11},{e1_1,e2_1,e3_1,e4_1,e5_
1,e6_1,e7_1,e8_1,e9_1,e10_1,e11_1});
Pd10 = r(10) * (K * e1^(kosi1) * e2^(kosi2) * e3^(kosi3) * e4^(kosi4) * e5^(kosi5) *
```

```
e6^(kosi6) * e7^(kosi7) * e8^(kosi8) * e9^(kosi9) * e10^(kosi10) * e11^(kosi11)) -
(1/2 * k10 * e10^2 + Cg100);
Pd10 = subs(Pd10,{e1,e2,e3,e4,e5,e6,e7,e8,e9,e10,e11},{e1_1,e2_1,e3_1,e4_1,e5_1,
e6_1,e7_1,e8_1,e9_1,e10_1,e11_1});
Pd11 = r(11) * (K * e1^(kosi1) * e2^(kosi2) * e3^(kosi3) * e4^(kosi4) * e5^(kosi5) *
e6^(kosi6) * e7^(kosi7) * e8^(kosi8) * e9^(kosi9) * e10^(kosi10) * e11^(kosi11)) -
(1/2 * k11 * e11^2 + Cg110);
Pd11 = subs(Pd11,{e1,e2,e3,e4,e5,e6,e7,e8,e9,e10,e11},{e1_1,e2_1,e3_1,e4_1,e5_1,
e6_1,e7_1,e8_1,e9_1,e10_1,e11_1});
disp('e1 到 e11: ')
disp([e1_1,e2_1,e3_1,e4_1,e5_1,e6_1,e7_1,e8_1,e9_1,e10_1,e11_1])
disp('Pu1')
disp(Pu1)
disp('Pd1 到 Pd11: ')
disp([Pd1,Pd2,Pd3,Pd4,Pd5,Pd6,Pd7,Pd8,Pd9,Pd10,Pd11])
labels = {'r1','r2','r3','r4','r5','r6','r7','r8','r9','r10','r11'};pie(r,labels);title
('r');
```

**煤炭企业割煤单元责任系数遗传算法优化子程序：**

```
function Pu2 = best1(r)
global result
syms K e1 e2 e3 e4 e5 e6 e7 e8 e9 e10 e11 kosi1 kosi2 kosi3 kosi4 kosi5 kosi6 kosi7
kosi8 kosi9 kosi10 kosi11 k1 k2 k3 k4 k5 k6 k7 k8 k9 k10 k11 Cg10 Cg20 Cg30 Cg40 Cg50
Cg60 Cg70 Cg80 Cg90 Cg100 Cg110 r1 r2 r3 r4 r5 r6 r7 r8 r9 r10 r11;
Pu1 = K * e1^(kosi1) * e2^(kosi2) * e3^(kosi3) * e4^(kosi4) * e5^(kosi5) * e6^
(kosi6) * e7^(kosi7) * e8^(kosi8) * e9^(kosi9) * e10^(kosi10) * e11^(kosi11) - (1/
2 * k1 * e1^2 + Cg10) - (1/2 * k2 * e2^2 + Cg20) - (1/2 * k3 * e3^2 + Cg30) - (1/2 * k4 *
e4^2 + Cg40) - (1/2 * k5 * e5^2 + Cg50) - (1/2 * k6 * e6^2 + Cg60) - (1/2 * k7 * e7^2 +
Cg70) - (1/2 * k8 * e8^2 + Cg80) - (1/2 * k9 * e9^2 + Cg90) - (1/2 * k10 * e10^2 +
Cg100) - (1/2 * k11 * e11^2 + Cg110);
e1_1 = result.e1; e2_1 = result.e2; e3_1 = result.e3; e4_1 = result.e4; e5_1 =
result.e5; e6_1 = result.e6; e7_1 = result.e7; e8_1 = result.e8; e9_1 = result.e9;
e10_1 = result.e10; e11_1 = result.e11;
e1_1 = subs(e1_1,{r1,r2,r3,r4,r5,r6,r7,r8,r9,r10,r11},{r(1),r(2),r(3),r(4),
r(5),r(6),r(7),r(8),r(9),r(10),r(11)});
e2_1 = subs(e2_1,{r1,r2,r3,r4,r5,r6,r7,r8,r9,r10,r11},{r(1),r(2),r(3),r(4),
r(5),r(6),r(7),r(8),r(9),r(10),r(11)});
e3_1 = subs(e3_1,{r1,r2,r3,r4,r5,r6,r7,r8,r9,r10,r11},{r(1),r(2),r(3),r(4),
r(5),r(6),r(7),r(8),r(9),r(10),r(11)});
e4_1 = subs(e4_1,{r1,r2,r3,r4,r5,r6,r7,r8,r9,r10,r11},{r(1),r(2),r(3),r(4),
r(5),r(6),r(7),r(8),r(9),r(10),r(11)});
e5_1 = subs(e5_1,{r1,r2,r3,r4,r5,r6,r7,r8,r9,r10,r11},{r(1),r(2),r(3),r(4),
r(5),r(6),r(7),r(8),r(9),r(10),r(11)});
```

```
e6_1 = subs(e6_1,{r1,r2,r3,r4,r5,r6,r7,r8,r9,r10,r11},{r(1),r(2),r(3),r(4),
r(5),r(6),r(7),r(8),r(9),r(10),r(11)});
e7_1 = subs(e7_1,{r1,r2,r3,r4,r5,r6,r7,r8,r9,r10,r11},{r(1),r(2),r(3),r(4),
r(5),r(6),r(7),r(8),r(9),r(10),r(11)});
e8_1 = subs(e8_1,{r1,r2,r3,r4,r5,r6,r7,r8,r9,r10,r11},{r(1),r(2),r(3),r(4),
r(5),r(6),r(7),r(8),r(9),r(10),r(11)});
e9_1 = subs(e9_1,{r1,r2,r3,r4,r5,r6,r7,r8,r9,r10,r11},{r(1),r(2),r(3),r(4),
r(5),r(6),r(7),r(8),r(9),r(10),r(11)});
e10_1 = subs(e10_1,{r1,r2,r3,r4,r5,r6,r7,r8,r9,r10,r11},{r(1),r(2),r(3),r(4),
r(5),r(6),r(7),r(8),r(9),r(10),r(11)});
e11_1 = subs(e11_1,{r1,r2,r3,r4,r5,r6,r7,r8,r9,r10,r11},{r(1),r(2),r(3),r(4),
r(5),r(6),r(7),r(8),r(9),r(10),r(11)});
eq11 = simple(subs(Pu1fe1,{e1,e2},{e11,e22}) * e11fs + subs(Pu1fe2,{e1,e2},
{e11,e22}) * e22fs);
K = 150;kosi1 = 0.6;kosi2 = 0.58;kosi3 = 0.65;kosi4 = 0.56;kosi5 = 0.55;kosi6 = 0.
5;kosi7 = 0.49;kosi8 = 0.45;kosi9 = 0.52;kosi10 = 0.63;kosi11 = 0.6;k1 = 25;k2 =
23;k3 = 28;k4 = 26;k5 = 30;k6 = 28;k7 = 29;k8 = 32;k9 = 27;k10 = 28;k11 = 32;Cg10 =
20;Cg20 = 22;Cg30 = 26;Cg40 = 25;Cg50 = 25;Cg60 = 20;Cg70 = 24;Cg80 = 28;Cg90 = 20;
Cg100 = 22;Cg110 = 25;
e1_1 = subs(e1_1);e2_1 = subs(e2_1);e3_1 = subs(e3_1);e4_1 = subs(e4_1);e5_1 =
subs(e5_1);e6_1 = subs(e6_1);e7_1 = subs(e7_1);e8_1 = subs(e8_1);9_1 = subs(e9_
1);e10_1 = subs(e10_1);e11_1 = subs(e11_1);Pu1 = subs(Pu1);
Pu1 = subs(Pu1,{e1,e2,e3,e4,e5,e6,e7,e8,e9,e10,e11},{e1_1,e2_1,e3_1,e4_1,e5_
1,e6_1,e7_1,e8_1,e9_1,e10_1,e11_1});
Pu2 = - Pu1;
end
```